KB096799

제주 로드 맛집

제주
로드
맛집

초판 1쇄 인쇄_ 2024년 2월 20일 | **초판 1쇄 발행_** 2024년 2월 25일
지은이_안병익 식신 | **펴낸이_**하태복 | **펴낸곳_**이가서
디자인_윤영화
주소_서울시 중구 서애로 21 필동빌딩 301호
전화_02)2263-3593 | **팩스_**02)2272-3593 | **출판등록_**제10-2539호
E-mail_leegaseo1@naver.com
ISBN_978-89-5864-042-4 13690

※ 가격은 뒤표지에 있습니다.
※ 잘못된 책은 바꾸어 드립니다.

푸른바다 길 위에서
특별한 미식을 만나다

제주
로드
맛집

안병익 식신 지음

이가서
Leegaseo publishing

머리말

"우리의 여행은 늘 맛으로 기억된다."

언제나 설렘을 주는 마법 같은 단어 '여행'. 지친 일상을 잠시금 내려놓고 내가 몰랐던 새로운 장소와 문화를 만나며 나를 돌아보는 시간을 보내는 경험은 바쁜 현대를 살아가고 있는 모든이의 작은 소망이다. 이런 '소확행'을 위해서 해외가 아닌 국내에서 최고의 힐링을 할 수 있는 곳은 바로 '제주'가 아닐까? 에메랄드 색 바다와 파도소리, 하늘로 쭉쭉 뻗은 야자나무와 푸른 초원에서 나오는 풀냄새, 광활한 풍경이 반기는 제주. 제주 자연의 위대한 풍광은 사시사철 언제 어느 때 방문해도 지친 마음과 영혼에 안식을 가져다준다.

무릇 여행지에서의 백미는 바로 먹는 것인데, 제주는 깨끗한 바다에서 공수하는 신선한 해산물, 쫄깃한 식감과 육향이 일품인 흑돼지, 고사리를 비롯해 제주에서 나고 자라는 야채 등 제주만의 특별한 식재료로 인해 음식의 맛이 깊다. 또한 이동과 교류가 원활하지 않은 과거 시절부터 독자적인 식문화가 발달해오면서 육지와는 살짝 '음식의 결'이 다르다. 예를들어 순대를 간장에 찍어 먹는다거나. 물회를 된장을 베이스로 만든다거나, 갈치를 애호박과 함께 맑은 국으로 끓여 먹는다거나하는 방식 등이다. 이러한 제주만의 특별한 음식은 제주를 찾는 식도락가들에게 새로운 도전과 흥미를 준다.

"먹방 유튜버에 현혹되는 곳은 과감하게 버리자!"

제주에 와서 '무신 걸 먹으코?(무엇을 먹을까?)' 한다면 식신 서비스 사용자들의 통계가 말해주는 리얼 제주 맛집을 참고해보자. 식신은 월 350만명(GA 기준)의 사용자가 방문하는 데, 이들이 남기고 간 리뷰, 좋아요, 만족도, 유입검색, 직접검색, 즐겨찾기 등을 분석해 제주 지역 '별 맛집' 중 107곳의 매장을 엄선하여 16개 카테고리로 정리해서 이 책에 담았다. 식신의 최고봉인 '별 맛집'은 정말 한땀 한땀 매우 까다롭게 선정하고 있다. 전국 75만개 식당 중에 별 맛집은 6천여개로 채 1%도 되지 않는다. 직접 경험해보면 무엇이 이 식당을 특별하게 만들었는지 알 수 있을 것이다. 더이상 먹방 유튜버나 블로거 마케팅에 현혹되지 말고 이 책에 담긴 '찐' 맛집에서 놀멍쉬멍 떠나는 제주 여행을 나만의 특별한 맛으로 기억해 보길 바란다.

"아 집 때문에 이민을 못가겠어! 제주에서 만나는 특별한 미식!"

어느 날 아무 생각없이 식신에 남겨진 사용자들의 리뷰를 보다가, 유명한 평양냉면집에 올라온 리뷰를 읽고 큰 감동을 받았다. "아! 이집 냉면 때문에 이민을 못 가겠어!" 한 사용자의 이 깜직한 리뷰로 '이민을 가게 된다면 한국의 수많은 맛집의 맛을 잊고 살아야 하겠구나'라고 생각해 보니, 리뷰를 남긴 사용자의 글이 공감이 되었고, 우리 맛집들의 음식이 정말 소중하구나라고 생각하게 되었다. "제주에도 이 집 때문에 이민을 못 가겠어."라고 할만한 정말 좋고 특별한 맛집이 아주 많다. 이 책은 한번 가면 영원히 기억될 만한 제주의 특별한 맛집을 담으려고 혼신의 노력을 다했다.

"푸른바다와 광활한 자연에서 맛보는 풍요로운 성찬!"

제주 푸른바다의 매력에 흠뻑 빠지다 보면 어느새 광활한 자연 그대로의 풍경을 그림처럼 앞에 두고 맛있는 음식을 먹고 싶어진다. 파도소리가 들리는 푸른 바닷가에서 해녀가 갓 잡아올린 해산물과 소주 한 잔을 기울이거나 멋진 바다풍경을 바라보며 커피 한 잔의 여유를 갖는 호사를 누려보자. 소주잔을 비우며 듣는 해녀의 이야기는 푸른바다의 소리가 되어 어느새 우리의 가슴에 따뜻하게 파고든다. "그래 바로 여기가 우리들이 간절하게 찾던 그 곳이었어!" 우리가 갈망하던 영원의 안식처! 사람냄새 물씬 나는 제주의 따뜻한 온정을 느끼며 푸른바다와 광활한 자연에서 맛보는 풍

요로운 성찬! 분명 우리가 다시 일상으로 돌아가더라도 한 조각의
즐거운 추억으로 열심히 살아가게 해주는 힘이 될 것이다.

안병익

목차

2장 | 제주돼지

3장 ┃ 국수면

4장. ┃ 해장국

푸른 바다의
매력에 흠뻑 빠지다

1
장
—
회

향토 회
제주 이색 횟집

향토 회

현지인에게 입소문난 손맛 좋은 식당,
모슬포 '항구식당'

jejutaime님의 인스타그램

제철회와 해산물로 만든 구이와 조림을 판매하는 해산물 식당.
제주 현지인들이 손꼽아 추천하는 맛집이니만큼 소박한 실내는
관광객과 현지 주민들로 늘 바글바글하다. 메뉴판이 있기는 하지

만 회의 경우 당일 조업된 활어만 팔기 때문에 사실상 의미가 없지만, 이곳의 시그니처를 꼽아보자면 방어나 히라스(부시리) 회다. 호방하게 썰어내 플레이팅한 모양새가 아름다운데, 입 속에서 기름이 잘잘 흐르는 듯한 풍미가 일품이다. 이 메뉴들이 없는 경우 고등어회를 맛보자. 부드러운 고등어를 생김과 양파무침에 싸먹는 재미가 있다. 주인장의 손맛이 좋아 조림이나 탕류는 칼칼한 양념이 입에 착착 붙는 편. 다양한 해산물 요리에 술 한잔 곁들이기에도 좋다.

Angelina J님의 리뷰

식신 변함없이

조림 맛집이라고해서 왔다가 어항속 히라스가 보여서 먹었는데 완전 싱싱하고 맛있네요. 찌게다시가 푸짐하진 않아도 정갈하고 맛있고 아주 저렴하게 회와 조림을 먹을 수 있어 좋습니다. 둘이서 조림과 회를 배터지게 먹어도 7만원정도네요. 회와 함께 조림이나 구이를 동시에 드셔도 부담없이 먹을 수 있습니다.

- 위치: 제주 서귀포시 대정읍 하모항구로 64
- 영업시간: 매일 10:00-21:50
  (B/T 15:00-16:00)
  매주 월요일 휴무
- 가격: 방어/ 히라스 싯가
  고등어회 싯가
  갈치조림(2인) 30,000원

오랜 전통의 자리물회와 방어 전문점,
모슬포 '부두식당'

하모리에 위치한 '부두식당'은 44년 동안 맛의 전통을 이어가고 있는 대표적인 대물림 맛집으로 3월 중순부터 7월 초까지는 '자리물회'가 그 이외의 기간에는 '방어'가 이곳의 대표 인기 메뉴다.

도톰한 방어회는 부드러운 식감과 특유의 기름기에서 우러나오는 고소한 맛이 특징으로, 배꼽까지 이어지게 썰어낸 뱃살은 씹을수록 더욱 진하게 느껴지는 풍미가 일품이다. 간장보다는 초장에 찍어서 마늘, 고추를 올린 상추에 싸서 먹으면 더욱 맛있게 즐길 수 있다. 살코기에 비해 기름기가 많지 않아 개운한 맛을 자랑하는 방어 지리도 별미이며 라면사리도 꼭 추가하는 것을 추천한다.

kyung_mi89님의 인스타그램

식신 그루비
두툼하게 썰려 나온 방어회
식감이 매우 쫄깃해서 마음에
듭니다. 일단 큼직한 횟감이
아주 좋았어요~

● 위치: 제주 서귀포시 대정읍 하모항구로 62
● 영업시간: 매일 10:00-21:30/
　　　　　　매주 목요일 휴무
● 가격: 방어회(2인) 50,000원
　　　　갈치조림 소(小) 45,000원
　　　　갈치조림 대(大) 55,000원

03

싱싱함이 느껴지는 고등어의 참맛,
모슬포 '미영이네'

hyunji_kim87님의 인스타그램

제주도에서 생선이 많이 잡히기로 소문난 모슬포항 인근에 자리 잡은 고등어 요리 전문점 '미영이네식당'. 현지인 맛집으로 잘 알려졌으나, 최근 관광객들에게도 입소문이 나며 문전성시를 이루고 있다. 대표 메뉴 '고등어회+탕'을 주문하면 푸르스름한 은 빛이 도는 껍질과 붉은 살점이 조화를 이루는 고등어회가 먼저 나온다. 먹음직스럽게 윤기가 도는 고등어회는 간장이나 초장을 살짝 찍어 본연의 싱싱함을 맛본 후, 양파 무침, 참기름으로 양념 한 밥과 함께 김에 올려 한입에 먹는 방법을 추천한다. 회를 다 먹어갈 즈음 준비되는 탕은 시원하면서도 칼칼한 맛 덕에 술을 절로 부르게 된다.

hyunji_kim87님의 인스타그램

식신 533212)
제주도 하면 고등어회가 유명하잖아요.
육지에서 쉽게 먹을 수 없어 제주도
여행 가서 많이 먹어보자 하고 갔어요.
처음엔 비리다는 소리가 있어서 걱정
했지만 그런거 하나 없어 한 판
뚝딱 먹었네요.

● 위치: 제주 서귀포시 대정읍 하모항구로 42
● 영업시간: 매일 11:30~22:00/
　　　　　매주 수요일 휴무
● 가격: 고등어회 대(大)+탕 85,000원/
　　　　고등어회 소(小)+탕 60,000원/
　　　　고등어구이 15,000원

04

신선한 고등어회를 맛보고 싶다면,
모슬포 '만선식당'

beom_p의 인스타그램

하모 항구에 위치한 제주의 고등어 요리 전문점 '만선식당'. 이
곳에서 유명한 메뉴는 역시 '고등어 회'. 갓 잡은 싱싱한 고등어
를 회로 뜨기 때문에 고등어 특유의 기름기가 적당히 흐르는 것

이 특징이다. 살짝 양념이 된 밥을 김에 싸서 그 위에 고등어 회를 올려 먹는 방법은 만선식당에서 추천하는 맛있게 먹는 팁. 고등어 회의 기름기와 양념이 된 밥이 어우러져 고소한 맛을 배로 만들어 준다. 크기는 보통 大 자를 주문 시 성인 4명이 먹기에 좋은 양이라고. 고등어 회를 주문 시, 손질되지 않은 생 전복과 함께 짭짤한 돼지 산적을 제공하고 있다.

tlsdnr님의 인스타그램

식신 초콜렛공장공장장
저는 제주도 화순에 사는데 고등어회 생각나면 꼭 이 집에 갑니다. 고등어회는 아마 (세계) 최고 아닌가 생각합니다.

- 위치: 제주 서귀포시 대정읍 하모항구로 44
- 영업시간: 매일 11:00-21:00
  매주 화요일 휴무
- 가격: 고등어회 대(大) 70,000원
  고등어회 소(小) 55,000원
  갈치조림 소(小) 60,000원

05

고등어회의 매력에 푹 빠질거에요,
성산 '남양수산'

hyoeunkimm님의 인스타그램

성산에 위치한 횟집으로 도민맛집으로도 유명한 남양수산. 고
정 메뉴는 참돔회와 고등어회로 단출한데, 이곳은 불필요한 곁들
임 반찬이 거의 없고 오로지 회로만 승부를 한다. 툭툭 썰어낸듯

한 두툼한 참돔회는 고소한 맛과 동시에 입 안에 들어차는 씹는 식감이 일품이고, 고등어회는 활고등어를 사용해 비리지 않고 신선한 기름맛이 도는 것이 이곳을 다시 찾을 수밖에 없도록 만든다. 야채밥을 추가하여 양념장에 잘 비벼 회와 함께 먹어도 좋다. 어느 정도 먹은 후에는 담백한 맛의 지리 매운탕이 제공되어 산뜻하게 식사를 마무리할 수 있다.

hyoeunkimm님의 인스타그램

hyoeunkimm님의 인스타그램

식신 533251

만족스러울만 했어요. 제주도에서 먹은 음식 중에 가장 기억에 남는 고등어회 맛집. 정말 싱싱한 고등어를 맛 볼 수 잇는 곳이다. 참돔회도 정말 맛있다. 신선한 재료를 사용하여 오로지 회로 승부하는 곳이다.

- 위치: 제주 서귀포시 성산읍 고성동서로 56번길 11
- 영업시간: 매일 14:00-21:00, 비정기 휴무
- 가격: 활고등어 50,000원/ 참돔 소(小) 60,000원

제주 이색 횟집

제주식 물회의 진수를 맛볼 수 있는,
우도 '회양과국수군'

daily_재연의 인스타그램

사장님이 직접 배를 운영하는 선주이기 때문에 매일매일 바다
에서 갓 잡아올린 신선한 해산물을 맛볼 수 있는 해산물 식당. 야
외 좌석도 넓게 마련되어 있어 신선한 제주 바람을 맞으며 식사

를 즐길 수 있다. 계절에 따라 올라오는 횟감을 사용한 국수, 물회 등을 맛볼 수 있다. 회와 회국수, 전, 구이, 탕으로 마련되는 세트 메뉴로 변경이 가능해 겨울 방어철이면 방어 코스를 먹기 위한 손님들이 많다. 임금님이 된 기분을 내고 싶다면 들려보면 좋은 곳.

식신 미래티비클라스
방어회 먹으면 회국수, 전, 매운탕,
머리 구이 등이 코스로 나옵니다!
회국수도 참 맛있네요.

- 위치: 제주 제주시 우도면 우도해안길 270
- 영업시간: 매일 10:30-21:00
- 가격: 자연산회국수 12,000원/
  모듬물회 18,000원/
  회물회 15,000원

신선한 제철 해산물이 가득한,
연동 '마라도횟집'

식신 정선님의 리뷰

제주 그랜드호텔 인근에 자리 잡은 횟집으로 방어 철이면 마라
도 인근 해역에서 잡아 올린 방어 요리를 선보인다. 방어 한 접시
를 주문하면 뱃살, 등살, 지느러미살 등 다양한 부위가 제공되는

데, 기름이 잔뜩 오른 뱃살부위는 그야말로 별미. 덕분에 특대방어만 가능한 뱃살 접시는 상대적으로 높은 가격대임에도 인기가 좋다. 독특하게 기름장에 찍어 먹는 방어회는 별도로 요청 시 내어주는 김에 밥, 김치, 청양고추를 올려 싸서 먹으면 더욱 맛있게 즐길 수 있다. 바삭하게 구운 뼈와 자투리 살을 뜯어먹는 재미가 있는 방어뼈구이도 별미. 방어가 제철이 아닐 때는 도미나 다금바리 등 다른 일반 생선회를 판매하고 있으니 참고할 것.

식신 정선님의 리뷰

식신 정선님의 리뷰

식신 EuiSook Shin

그날그날 바로 잡힌 생선을 회 떠서 파는 곳이라 늘 메뉴가 정해져 있지 않은 것이 특징이자 장점. 동일 생선이라도 당일 어획량에 따라 가격이 달라진다고 하네요. 가게도 아담해서 손님이 들어오면 사장님이 친절하게 그날 생선을 말씀해 주신답니다. 스끼다시 없이 회만 먹고 싶으신 분들께 강추~!! 참고로 멸튀김도 맛있습니다.

- 위치: 제주 제주시 신광로8길 3
- 영업시간: 매일 13:00-24:00
- 가격: 선택 모듬회(2인) 110,000원
  고등어회(2인이상) 1인 45,000원
  딱새우회 35,000원

08

제주 일식집 숨은 강자
용담 '제주서문수산'

daljoo님의 인스타그램

'제주 서문 수산'은 오마카세 형태로 제공하는 단일 코스 요리를 만날 수 있는 곳이다. 보말 죽을 시작으로 한치, 석화, 해삼 등의 해산물, 고등어, 돌돔, 방어 등의 생선회가 순서대로 준비된다.

이 집의 생선 회는 함께 나오는 멍게 내장 소스 곁들이면 한층 짙은 바다 풍미를 느낄 수 있다. 셀프 초밥을 만들어 먹을 수 있도록 한 입 크기로 만든 초를 더한 밥에 와사비를 얹어 제공한다. 눈볼대 구이, 새우를 갈아 넣은 계란말이, 문어 삼계탕, 게 내장 볶음 우동, 차돌박이 버섯 문어 볶음, 지리 탕까지 각 재료의 맛을 살려낸 특색 있는 요리들이 푸짐하게 이어진다. 모든 주문은 100% 예약제로 운영되며 노 쇼 방지를 위해 예약금 일부를 선입금 해야 하니 참고할 것.

식신 가으니

예약 필수이고 시간에 맞추어 가야 합니다. 테이블이 5개라서 미리 예약하지 않으면 자리가 없습니다. 여기 요리는 정말 맛있는 편입니다.

- 위치: 제주 제주시 서문로4길 13-2
  서문공설시장
- 영업시간: 매일 17:00-22:00
  (100% 예약제)
  매주 화요일 휴무
- 가격: 코스요리 2인 150,000원
  코스요리 3인 200,000원
  코스요리 4인 260,000원

09

시원한 바다를 바라보며 먹는 물회,
서귀포 '어진이네 횟집'

식신 201820님의 리뷰

1994년 오픈하여 새로운 건물로 이전하여 현재 운영중인 현지
인들이 즐겨찾는 전통있는 횟집이다. 1,2층의 규모로 단체로 방
문하기에도 적합한 횟집으로 아름다운 제주바다가 한눈에 보이

는 통창의 창가자리는 인기가 많은 좌석이다. 게장, 생선구이, 물회, 돌솥밥 과 정갈하고 푸짐한 한상차림을 한번에 즐기기 좋은 객주리조림 한상은 어진이네횟집의 시그니처메뉴이며, 구수한 된장베이스의 육수와 신선한 야채,꼬들한 자리돔회가 푸짐하게 들어가 새콤하고 시원한 자리물회와 쫀득한 식감의 한치물회 또한 인기메뉴이다.그외에도 다양한 제주 통갈치구이, 통갈치조림, 흑돼지구이 등의 제주 현지의 맛을 살린 다양한 메뉴를 판매하고 있다. 또한 자리물회는 세꼬시스타일로 뼈가 씹힐수 있어 호불호가 갈릴수있는 메뉴이며, 한치물회는 계절에 따라 생한치와 냉동한치를 사용하고 있다.

식신 352273님의 리뷰

식신 hanglory

자리물회는 작은 물고기를 뼈를
안 바르고 바로 썰어서 가시가 많아서
잘 적응 안된사람들은 힘들것 같아요.
특히 아이들은 자리 물회 보다는 구이나
한치 물회가 좋을듯 하고. 전 자리물회
같은 스타일 좋아해서…
좋았습니다.

- 위치: 제주 서귀포시 보목포로 93 • 영업시간: 매일 10:00-20:00
- 가격: 자리물회 13,000원/ 한치물회(2인이상) 13,000원/ 전복물회(2인이상) 16,000원

10

매일 다른 생선과 반찬에 정성 가득 담긴,
연동 '엄마손횟집'

식신 컨텐츠팀

　　주택을 개조해 꾸민 인테리어의 매장은 정겨운 분위기를 자아
낸다. 하루 최대 3팀만 예약을 받으며, 전화로 인원, 시간을 정하
면 예약 당일 오후 12시에 그날 준비되는 생선과 수량을 전달받

을 수 있다. 매장에서는 직접 낚시해 잡은 자연산 생선만 사용하며 함께 제공되는 반찬 또한 예약 인원에 맞게 매일 아침 준비된다. 생선은 머리와 꼬리를 그대로 살려 생선 모양을 그대로 유지해 내는 것이 특징이다. 생선 뼈 위로 두툼하게 썰어낸 회는 쫄깃하고 담백한 맛이 일품이다. 식사는 뽀얗고 개운한 국물 맛의 지리 탕으로 마무리된다.

식신 보라색양말

좋았어요. 예약제로 저녁만 합니다. 가고 싶으면 미리 예약을 해야 합니다. 직접 낚시를 통해 잡은 생선회를 사용하는 곳으로 그날에 따라 메뉴가 달라집니다. 몇 시간 숙성을 거쳐 회를 내오기 때문에 맛이 좋다고 합니다. 특히 생선 머리와 꼬리가 그대로 나오는데 약간 몬도가네 스타일이지만 그래도 싱싱하고 맛이 좋습니다.

- 위치: 제주 제주시 연동3길 35
- 영업시간: 예약제
- 가격: 참돔 130,000원
  벵에돔,옥돔 170,000원~싯가
  돌돔 240,000원~싯가

11

딱새우가 선사하는 은은한 단맛,
성산 '섭지코지로'

gimmanggoo님의 인스타그램

성산일출봉과 제주바다가 한눈에 내다보이는 오션뷰가 일품이
다. 딱새우회, 고등어회, 돔베고기, 흑돼지제육, 옥돔구이, 회덮밥
까지 제주의 한상을 한번에 즐길 수 있는 코지로한상은 점심에

만 한정으로 만나볼 수 있는 메뉴이며 그 외에도 탱탱한 식감과 특유의 단맛이 일품인 딱새우회와 통통하게 살이 오른 고등어회는 섭지코지로의 시그니처 메뉴이다. 딱새우 주문시 딱새우 머리를 활용하여 튀김이나 라면을 선택할 수 있다. 주차 가능한 공간도 넓은 편이니 참고할 것.

식신 별곰이

리조트에서 저녁 먹을까 하다가 방문한 곳이에요! 플레이팅이 꽤나 인스타그래머블 합니다요. 인스타로 소문나서 그런지 대기 좀 했어요! 딱새우회, 고등어회 나오는 세트로 주문했더니 옥돔 구이도 주네요? 새우가 단맛이 강하고 탱글하고 나중에 딱새우 머리 버터 구이도 포장해 와서 맥주랑 먹었지요~ 고등어회도 고소하니 좋았습니다~

- 위치: 제주 서귀포시 성산읍 일출로 230 2층
- 영업시간: 매일 12:00-22:00
  (B.T 15:00-17:00)
  매주 화요일 휴무
- 가격: 딱새우+고등어회 75,000원
  활모듬회 35,000원
  흑돼지제육정식 15,000원

육즙 폭발하는
토종 흑돼지의 참맛

2
장
—

제주
돼지

흑돼지 구이
이색 고기구이
두루치기

흑돼지 구이

제주 토종 흑돼지의 참맛,
한경면 '연리지가든'

902_g.y님 인스타그램

제주 토종 흑돼지를 맛볼 수 있는 흑돼지구이 전문점, '연리지
가든'. 한적한 도로를 따라가다 보면 넓은 들판 사이 자리 잡은
돌담 집이 바로 그 주인공이다. 대표 메뉴 '흑돼지 구이'는 부위

구별 없이 인원수대로 준비되는 점이 특징. 진한 선홍빛을 띠는 흑돼지는 육안으로도 선도가 느껴질 만큼 신선하다. 짙은 풍미와 함께 부드럽게 씹히는 살코기, 물컹거리지 않고 꼬들꼬들한 식감이 매력적인 비계의 조화로운 맛을 즐길 수 있다. 특히 바짝 구운 돼지비계는 느끼함 없이 고소하면서도 녹진한 맛이 스르르 퍼진다. 각종 장아찌, 김치 등 집밥 같은 밑반찬과 구수한 된장찌개까지 푸짐한 식사가 가능하다.

902_g_y님 인스타그램

jiyoung_yun85님의 인스타그램

식신 리스테린중독자

제주다움이 물씬 느껴지는 공간. 그리고 진정한 흑돼지를 맛볼 수 있는 곳입니다. 어찌나 신선함이 느껴지던지 육회도 가능할 것 같은 비주얼! 생고기에서도 윤기가 흘러요... 맛을 설명할 수 없는 맛! 여기가 제주 일등입니다.

- 위치: 제주 제주시 한경면 두조로 190-20
- 영업시간: 예약제 (하루 30명내외)
- 가격: 정육 500g(2인분) 60,000원
  고기추가 180g 22,000원
  된장찌개+공기밥 5,000원

제주를 다시 찾게 하는 흑돼지의 맛,
중문 '목포고을'

rini_manimo 님의 인스타그램

인생을 살면서 삼겹살과 목살은 셀수 없을 정도로 먹어왔겠지만, 제주에서 흑돼지 구이를 한 입 맛보는 순간의 충격은 잊을 수 없다. 돼지고기의 신세계가 열리는 듯한 맛. 마치 풍미를 농축시

킨듯 입 안 꽉차는 특유의 맛과 줄줄 흐르는 육즙, 슬쩍 아삭거리는 듯한 지방의 식감까지. 여기에 불판위에서 끓고 있는 멜젓을 살짝 찍어먹으면 이런 맛을 그동안 왜 몰랐을까 싶은 속상함까지 든다. 중문에 위치한 목포고을은 제주산 흑돼지를 연탄에 구워주는 곳. 바람이 솔솔 부는 야외 동그란 드럼통 테이블에 앉아 식사를 즐기면 여행 온 기분도 만끽할 수 있다. 느끼한 맛을 씻어주는 칼칼한 맛의 김치찌개도 사이드 메뉴로 인기다.

식신컨텐츠팀

식신 김현철

건물이 현대식이 아니라 과연 리뷰처럼 맛이 있을까? 반신반의.결과는 제주 흑돼지의 인생 맛집이었다. 건물구조가 고기를 먹으면서 이해가 갔다. 고기의 부드러움과 육즙, 그리고 김치와 멜젓의 짜지 않고 깊은 맛과 3년이상 간수를 뺀 신안천일염과의 어울림이 예술인, 제주 흑돼지의 인생 맛집.

- 위치: 제주 서귀포시 일주서로 968-5
- 영업시간: 매일 12:00~22:30
- 가격: 제주산 명품 흑돼지 1kg 120,000원
  김치국밥 8,000원
  흑돼지김치찌개 10,000원

육즙 폭발하는 흑돼지를 맛보고 싶다면,
제주시 '도갈비'

woonji__1004님의 인스타그램

역대급 고기맛으로 알음알음 입소문이 나며 유명해진 곳. 이제
는 긴 웨이팅시간은 당연히 감수해야 할 정도다. 도갈비의 노하
우로 숙성한 흑돼지는 높은 온도에서 구워내어 은은하게 퍼지는

숯불향과 폭발하는 듯한 육즙이 일품이다. 고기는 칼집을 촘촘하게 내어 굽기 때문에 멜젓을 찍었을 때 소스가 사이사이 스며들어 부드러운 식감과 훌륭한 감칠맛이 좋다. 속재료가 넉넉하게 들어간 '꽃멸젓볶음밥'과 상큼한 육수맛의 '살얼음 동동 물냉면'도 인기 메뉴. 담당 서버가 고기를 직접 구워주고 어린이용 국이 제공되는 등 음식 외 서비스도 훌륭하다.

woonji__1004님의 인스타그램

woonji__1004님의 인스타그램

식신 스햄

여러 흑돼지 먹어봤지만 육즙 팡팡 식감에 고기 본연의 풍미도 살아있는 곳이에요. 고기도 맛있는데 반찬이나 식사류도 전부 다 맛있었어요. 멜젓이랑 갈치속젓 주시는데 둘다 맛있어서 계속 번갈아 가면서 찍어먹다보면 기가 모자라는게 함정.

- 위치: 제주 제주시 한라대학로 85
- 영업시간: 매일 17:00-22:30
- 가격: 흑도목(흑돼지목살) 22,000원
  흑도겹(흑돼지오겹살) 22,000원
  꽃멸젓볶음밥 9,000원

15

연탄불에 구워먹는 자투리 고기 전문점,
한경면 '명리동식당'

juhee_0503님의 인스타그램

자투리고기를 활용한 식당으로 유명한 곳. 가슴까지 청량해지
는 귤밭뷰가 일품이다. 연탄불에 구워먹는 쫀득한 식감과 육즙이
팡팡 터지는 제주산 자투리고기, 흑돼지, 삼겹살이 인기메뉴이며

정갈하고 푸짐한 밑반찬과 멜젓은 고기와 곁들이기 좋다. 돼지 고기가 푸짐하게 들어간 김치전골도 꼭 먹어야 하는 메뉴다. 또한 사장님과 직원들이 고기를 직접 구워주니 편안하게 식사하기 좋다. 식당 앞 공터를 주차장으로 사용중이라 주차도 편리하다.

juhee_0503님의 인스타그램

juhee_0503님의 인스타그램

식신 프로 배고픔 유발러

짜투리 고기랑. 김치찌개가 유명한 집. 짜투그리 고기가 먼가 했다가 짜투리고기에. 푹빠져 버린 곳 김치찌개도 꼭 시켜야 한다. 어떻게 김치찌개가 이리도 맛있을 수 있는지. 바로 추가 주문함. 고기와 김치찌개의. 환상적인 조합이 ㅋ쵝오인 집.

- 위치: 제주 제주시 한경면 녹차분재로 498
- 영업시간: 매일 11:30-21:00
  (B.T 14:30-16:00)
  매주 월요일 휴무
- 가격: 자투리고기(200g) 15,000원
  흑돼지삼겹(200g) 20,000원
  흑돼지목살(200g) 20,000원

16

두툼하게 썬 근고기가 인기인 맛집,
노형 '돈사돈'

mj98a_님의 인스타그램

제주 흑돼지 맛집의 원조격인 돈사돈 본점. 무게를 근수로 달아 판다는 의미로 '근고기'라 이름 붙인 메뉴가 인기다. 두툼하게 썰어낸 흑돼지는 화력 좋은 연탄불에 구워 겉은 바삭하고 속

은 촉촉한 육즙을 가득 품고 있는 것이 특징. 고기는 모두 숙련
된 서버들이 구워주므로 대화를 나누며 편안하게 먹기 좋다. 가
든 분위기의 넓은 정원을 보유하고 있으며 건물 앞뒤로 주차할
수 있어 편리하다.

식신 484057

• 위치: 제주 제주시 우평로 19
• 영업시간: 매일 12:00~22:00
　　　　　매주 화요일 휴무
• 가격: 제주산 흑돼지400g추가 44,000원
　　　　제주산 흑돼지2인(600g) 66,000원
　　　　제주산 흑돼지3인(800g) 88,000원

돼지고기가 거기서 거기겠거니
했는데 육즙이 좋음. 제주 맛집 투어
첫 날을 기분 좋게 시작. 가격이
좀 쎄긴하지만 한 번쯤은 먹을
만한 것 같음.

17

쫀득한 비계가 맛있는 제주산 돼지 구이,
중문 '큰돈가 남쪽대표 중문점'

aftermeals_1kancho님의 인스타그램

중문관광단지 초입에 위치한 제주 돼지 전문점. 당일 도축한 제
주산 백돼지와 흑돼지를 맛볼 수 있다. 화력 좋은 불판에서 잘 구
워낸 제주 돼지는 육즙이 가득한데, 특히 비계 부분이 아주 쫀득쫀

득한 것이 특징. 직접 구울 필요 없이 한 점 한 점 정성을 다해 구워주는 서비스로 편하게 즐길 수 있다. 계란 반숙을 곁들인 '유채꽃 비빔국수'는 새콤달콤한 맛으로 구운 돼지고기와 싸먹기 좋다.

aftermeals_1kancho님의 인스타그램

cubigsunny님의 인스타그램

식신 수박쥬스중독자

개인적으로 숙성도보다 낫다는 생각.. 흑돼지 육즙 폭발이고 비계 엄청 쫄깃해요. 백돼지는 조금싼데 관광객이라면 역시 흑돼지죠 ㅋㅋ 국수는 그렇게 새콤달콤한 편은 아니고 조금 담백한 편이네요~

● 위치: 제주 서귀포시 천제연로 89
● 영업시간: 매일 12:00-22:00
　　　　　　(B.T 15:00-17:00)
　　　　　　매달 1,3번째 수요일 휴무
● 가격: 제주산 흑돼지(300g) 32,000원
　　　　제주산 백돼지(300g) 26,000원
　　　　유채꽃비빔국수 6,000원

이색 고기구이

18

이국적인 감성으로 가득 채워진,
중문 '난드르바당'

miso_o23님의 인스타그램

서귀포에 위치한 흑돼지 맛집. 난드르바당의 묘미는 바로 야외
좌석. 해가 뉘엿뉘엿 지기 시작할 즈음이면 푸릇한 정원과 제주
바다가 보이는 탁트인 뷰와 신선한 바람, 손님들이 도란도란 이

야기하며 만들어내는 제주만의 감성이 가득하다. 제주산 흑돼지와 백돼지를 골라 맛볼 수 있으며 고기와 함께 구워먹는 콘치즈와 계란도 별미다. 식당 앞 마당이 넓은 편으로 주차는 쉬운편. 인기가 많아 미리 예약하는 것을 추천한다.

miso_o23님의 인스타그램

식신 4차원몽환토끼

야외를 너무 좋아해서 너무 만족했던 곳이에요!! 하늘도 푸르르고 얼핏 바다도 보이고.. 흑돼지라 그런지 식감도 더 쫄깃하고 부드러운 것 같았어요~ 계란찜도 있고 콘치즈 구워서 멜젓하고 흑돼지 같이 먹으니 너무나 환상적!!><

● 위치: 제주 서귀포시 하예하동로16번길 11-1
● 영업시간: 매일 12:00-22:00/ 매주 목요일 휴무
● 가격: 제주산 흑돼지 2인(600g)+된장찌개 64,000원
　　　　제주산 백돼지 2인(600g)+된장찌개 52,000원

19

다양한 곁들임으로 고기의 맛을 살려주는,
삼양 '고깃소리 더 프리미엄'

jeony__y님의 인스타그램

직영 농장에서 기른 청정 제주 돼지와 제철 식재료를 이용한 오
마카세를 만나볼 수 있는 '고깃소리 더 프리미엄'. 엄격히 선별한
90~100kg의 제주 암돼지를 진공, 건조, 발효 숙성까지 3단계 맞

춤 숙성을 거쳐 손님 상에 올린다. 대표 메뉴 '오마카세'는 유자꽃차와 샐러드, 접착 뼈 수프, 목살, 전복 카르파치오, 항정살, 감태를 올린 우니와 새우, 메밀 소바, 오겹살, 안심 미트볼, 식사, 디저트의 차림으로 준비된다. 곁들여 나오는 바질 페스토, 메밀 전병, 보리 크럼블, 멜젓 페스토 등은 고기의 풍미를 극대화해주는 역할을 한다. 고기뿐만 아니라 제주 바다에서 나는 전복, 우니, 관자, 새우 등 신선한 해산물 요리도 맛볼 수 있다는 점이 매력적이다.

jeony__y님의 인스타그램

jeony__y님의 인스타그램

식신 와이파이135

매장 앞에 돌담과 제주 바다가 펼쳐져서 분위기가 끝내 줘요~ 접착 뼈 수프는 처음 먹어보는데 깊은 맛에 계속 손이 가더라고요. 입맛 돋우기 좋았어요. 다른 오마카세는 고기랑 곁들임 찬 정도만 나오는데 여기는 메밀 전병에 싸 먹을 수 있도록 전병 위에 딱새우, 목살, 치즈를 올려주고, 항정살 위에 감태를 올려주는 등 색다른 맛을 경험할 수 있어서 좋았습니다. 창의적인 요리를 먹고 온 기분이에요.

• 위치: 제주 제주시 서흘1길 56
• 영업시간: 매일 12:30-19:00
　　　　　　매주 수요일 휴무
• 가격: 오마카세 1인 90,000원
　　　　1인 칵테일 페어링 45,000원

20

제주 흑돼지의 특수부위로 선보이는,
안덕 '풍로'

소고기 전문점 '우시야', 1인 화로구이 전문점 '로바타 탄요',
야키니쿠 전문점 '호루몬규상'을 운영하는 한성일 셰프의 네 번
째 브랜드 '풍로'. 제주 흑돼지에서 나오는 특수부위를 오마카세

로 선보인다. 대표 메뉴는 전채 요리, 하몽 샐러드, 가브리살, 돈
살치살, 김치찜, 목살, 갈매기살, 항정살, 오겹살, 등갈비, 냉면, 식
사, 디저트가 차례대로 준비되는 '부타카세'. 고기의 부위에 따라
소금, 양파절임, 트러플, 파무침 등 어울리는 곁들임 찬이 같이 제
공되어 한층 풍부한 감칠맛을 선사한다. 된장 소스에 항정살을
졸여 목련 잎 위에 나오는 '항정 목련 된장 구이'가 가장 인기다.
항정살에 된장 소스가 스며들어 쫀득한 식감과 함께 구수한 풍미
를 동시에 느낄 수 있다.

aaaaaaah0님의 인스타그램

aaaaaaah0님의 인스타그램

식신 까까까까까까

다찌 석 바로 앞에서 고기를 구워 주고
한 점씩 바로 먹을 수 있어서 더욱 맛있었
던 것 같아요. 고기 부위별로 어울리는 야
채들도 같이 구워 나와서 고기의 맛을 더
욱 살려주는 느낌입니다. 목살, 갈매기살,
항정살 등등 이렇게 맛과 식감이 다채로운
지 처음 알았어요~ 육즙도 넘치고 쫄깃쫄
깃~ 밥과 식사까지 든든하게 먹고 갑니다.

- 위치: 제주 서귀포시 안덕면 신화역사로
  423 마마뜰 상가동 2층
- 영업시간: 런치1부 12:00~13:00
  2부 13:30~14:30
  디너1부 16:00~17:30
  2부 18:00~19:30
  3부 20:00~21:30
- 가격: 부타카세 69,000원
  부타카세 런치 49,000원

21

쫄깃한 식감이 살아있는,
연동 '연정식당'

umbrosini님의 인스타그램

　'연정식당'은 제주도 여행객들의 맛집 필수 코스로 소문난 고
깃집이다. 고기를 주문하면 파절이, 깻잎지, 묵은지, 파김치, 나물
무침 등 밑반찬이 정갈하게 차려진다. 대표 메뉴는 돼지 한 마리

에서 약 200g 정도 소량만 나오는 '가브리살'. 두툼하게 썰어 소금을 뿌려 나오는 가브리살은 등 지방이 분포되어 있어 쫄깃한 육질이 일품이다. 처음엔 고기 본연의 풍미를 느낀 뒤 김치, 멜젓 등 다양한 반찬 및 소스를 곁들여 먹는 걸 추천한다. 구수한 국물에 두부를 숭덩숭덩 썰어 넣은 '청국장'도 식사 메뉴로 즐겨 찾는다. 밥에 청국장을 듬뿍 얹은 뒤 멜젓과 함께 비벼 먹는 조합이 인기를 끌고 있다.

umbrosini님의 인스타그램

식신 우동67

제주 공항 근처에 있어서 찾아가기 쉬워요!
소 등심, 목살, 삼겹살 등 여러 부위의 고기를
팔지만 여기서는 모두가 가브리살에 청국장을
주문한답니다~ 가브리살의 쫀득한 식감이
정말 예술입니다~ 청국장은 국물이 진하지
않아 청국장을 잘 못 먹는 사람도
부담 없이 먹을 수 있어요~

- 위치: 제주 제주시 신광로10길 29
- 영업시간: 매일 09:00-21:00
  매달 1,3번째 일요일 휴무
- 가격: 가브리살(150g) 23,000원
  소등심(200g) 65,000원
  목살(150g) 20,000원

22

솥뚜껑 위에서 열리는 고소한 풍미의 향연,
서귀포 '웅담식당'

jmtttttttt님의 인스타그램

　'웅담식당'은 제주산 흑돼지를 무쇠 솥뚜껑 위에 구워 즐기는
곳이다. 매장 기둥에 붙어있는 연예인, 셰프, 운동선수 등 유명인
사의 사인이 이곳의 인기를 실감하게 한다. 대표 메뉴는 선명한

분홍빛 살코기와 하얀 지방이 적절히 어우러진 비주얼이 신선한 느낌을 주는 '제주산 오겹살'. 비계로 문질러 가며 기름 코팅을 한 솥뚜껑이 뜨겁게 달아오르면 고기를 올려 먹으면 된다. 밑으로 기름이 빠지며 노릇노릇하게 익은 오겹살은 느끼하지 않고 쫀득한 식감과 고소한 맛을 자랑한다. 불판 한쪽에서 익어가는 새콤달콤한 파절임은 고기의 기름진 맛을 잡아주고 감칠맛은 살려줘 좋은 궁합을 이룬다.

jmtttttttt님의 인스타그램

식신 오디 사세요
오겹살과 볶음밥 메뉴만 있는 곳! 원래 단일 메뉴인 곳이 맛집이다라고 생각하는데 역시나 여기도 적중했어요. 고기 밑에 감자, 양파 등을 놓고 같이 익히면 흘러나오는 기름의 맛이 더해져 은근 별미에요. 볶음밥도 간도 딱 알맞고 든든하게 마무리하기 좋아요!

- 위치: 제주 서귀포시 중앙로59번길 5
- 영업시간: 매일 15:00~22:00
  매주 일요일 휴무
- 가격: 오겹살(200g) 18,000원
  볶음밥 2000원

두루치기

23
야채 듬뿍 제주도식 두루치기,
서귀포 '용이식당'

nana_cm_hi님의 인스타그램

제주 서귀포에 위치한 시골장터의 분위기의 감성이 느껴지는
식당이다. 두루치기 단일메뉴만을 판매하는 곳으로 얇게 썰어 양
념된 돼지고기를 고추장에 버무려 파절이, 무채, 콩나물과 함께

볶아서 먹는 제주도의 두루치기를 선보이는 곳이다. 무채가 들어
가 있어 살짝 새콤한 맛이 배어나오며 짭짤하면서도 매콤한 맛
이 일품이다. 제주도산 돼지고기의 쫄깃쫄깃하고 담백한 맛과 자
극적이지 않으면서 매콤한 이 집 양념 맛의 궁합은 잊을 수 없을
만큼 강한 인상을 남기는 곳이다. 특이한 점은 음료와 주류를 판
매하지 않는 것이다. 하지만 근처 슈퍼에서 구매해서 반입은 가
능하니 참고할 것.

식신 454821

적은 돈으로 여행 왔을 때 먹은
음식 중에 그나마 만족스러
웠어요. 속부대끼지 않고
편하게 먹었네요.

● 위치: 제주 서귀포시 중앙로79번길 9 1층
● 영업시간: 매일 09:00-22:00
　　　　　 매달 1,3번째 수요일 휴무
● 가격: 두루치기 9,000원
　　　　 포장 8,000원

24

저렴한 가격에 즐기는 흑돼지 두루치기,
표선 '광동식당'

ryon.e2님의 인스타그램

외관에서부터 맛집의 포스가 느껴지는 곳으로 현지도민들이 좋
아하는 두루치기 맛집이다. 합리적인 가격에 제주산 흑돼지 두루
치기를 마음껏 먹을 수 있는 곳이다. 흑돼지 두루치기와 특수부

위 가르리살 두가지 메뉴만을 취급하고 있으며 인기메뉴인 흑돼지 두루치기는 큰 양푼에 양념 된 두루치기가 가득 나오며 먹을 만큼만 구워서 먹으면 된다. 고기는 얼마든지 더 먹을 수 있으며, 주인 아주머니의 친절함과 인심이 좋아 기분 좋은 식사를 할 수 있는 곳으로 저렴한 가격으로 푸짐한 식사를 할 수 있는 곳이다. 가게앞 공터에 2.3대 정도 주차할 수 있는 공간이 있다.

ryon.e2님의 인스타그램

식신 만두주떼요
맛있는 편이에요 저렴한 가격에 맛난 두루치기와 신선한 쌈을 먹을 수 있습니다. 아주머니도 친절.

- 위치: 제주 서귀포시 표선면 세성로 272
- 영업시간: 매일 11:00-16:00
  매달 2,4번째 일요일 휴무
- 가격: 두루치기 10,000원
  가브리살구이 1인분(200g) 13,000원

채소와 함께 볶아먹는 제주 두루치기,

표선 '나목도식당'

j.hee_8286님의 인스타그램

제주 현지인들이 즐겨 찾는 로컬 음식점. 양념한 돼지고기와 채
소를 넣고 볶아먹는 두루치기가 맛있는 곳이다. 제주산 돼지의 쫀
득한 맛이 도드라지도록 기본 양념이 세지 않은 것이 특징. 고기를

다 먹은 뒤엔 밥을 볶아 먹는 것이 '국룰'이다. 돼지피와 메밀을 섞어 만드는 제주식 순대는 입 안에서 부드럽게 바스러지는 식감과 고소한 맛이 일품. 몸국이 함께 나오는 순대백반도 인기가 많다.

o.rong님의 인스타그램

- 위치: 제주 서귀포시 표선면 가시로613번길 60
- 영업시간: 매일 09:00-20:00
  매달 1,3번째 수요일 휴무
- 가격: 두루치기 8,000원
  순대백반 8,000원
  흑돼지삼겹살 20,000원

식신 454905
가격이 너무 저렴해서
놀랐어요!!
근데 맛이 미친 맛⋯⋯
제주도 가면 또 갈꺼에요.
진짜 순대국수
정말 넘 시원합니다.

호로록~ 제주에서
먹는 특별한 감성

3
장
—

국수면

국수/면
해물라면

국수/면

26

보약 같은 맛의 보말전복칼국수,
대정 '옥돔식당'

yeonnm님의 인스타그램

모슬포항에서도 골목골목 들어가야 하기 때문에 찾기 힘든 위
치임에도 불구하고 일부러 찾아오는 손님들로 문전성시인곳. 메
뉴는 단 하나. 보말과 미역을 듬뿍 넣고 우려낸 국물에 직접 썬

칼국수와 전복을 넣은 보말전복칼국수다. 보말은 고동을 뜻하는 제주도 방언으로 삶아먹거나 탕을 끓여먹는 식재료다. 살집은 쫀득하고 초록빛 내장은 바다의 향을 가득 품고 있는 것이 특징. 보말을 넉넉하게 넣어 일반 칼국수와 달리 독특한 색감의 국물이 특징인 칼국수는 걸쭉한 맛이 매력적이다. 반찬으로 내어주는 콩나물과 청양고추를 취향에 따라 넣어 먹는 것이 단골의 팁이다.

식신 533377

식당 이름에 옥돔이 들어가지만 보말칼국수만 팔아요~ 주문과 동시에 면을 만들어 그런지 음식 나오는데 한 20분 정도 걸리더라구요. 제주 여행 중 먹었던 보말 칼국수 중 국물이 가장 진해서 맛있었고 처음엔 그냥 먹다가 다진 고추 넣어서 얼큰하게 두 가지 버전으로 즐길 수 있어요!

- 위치: 제주 서귀포시 대정읍 신영로 36번길 62
- 영업시간: 매일 11:00-16:00 매주 수요일 휴무 (재료 소진시 조기마감)
- 가격: 보말전복손칼국수 12,000원

27

이런 맛이라면 매일 올래,
제주시 '올래국수'

식신 사우디왕자님의 리뷰

1998년에 개업해 현재까지 성업중인 제주의 고기국수 맛집. 제주 돼지 사골을 푹 우려낸 고기국수 단 하나의 메뉴만을 판매한다. 돼지고기는 따로 삶아 육수에 넣어 국물이 너무 기름지지 않고 깔끔하게 유지되도록 하는게 비법. 넉넉하게 담은 쫄깃한 중면과 아주 부들부들하게 잘 삶은 돼지고기를 두툼하게 썰어 올려낸 모양새가 투박하지만 침샘을 자극한다. 국물이 잡내없이 진하고 맛있어서 그릇째 들고 마시게 만드는 맛이다. 같이 내어주는 김치가 국수와 참 잘 어울리는 편. 이곳은 오전 일찍부터 점심이 지난 3시까지 영업을 하는데, 늘 손님이 많은 편이니 어느정도 웨이팅은 감안하고 방문하는 게 좋다.

식신 577588님의 리뷰

식신 2_iS_Zero

jmt... 제주도 왔는데 그래도 고기국수 먹어야지 하면서 갔는데 식사 시간 아닌 애매한 4, 5시에 갔는데도 문 앞에 웨이팅 하는 사람들이 엄청 많았어요. 일단 안에가서 오른쪽에 아자씨한테 몇명이요 말하면서 얼마나 기다려야 되는지 물어봤는데 15분? 이랬어요 ㅋㅋㅋㅋ 단일메뉴라 회전률이 좋아요! 기다릴만 합니당 !! 맛도 가격 대비 맛있어요, 진한 국물맛!! 좋았습니다만 좀 분위기는 정신이 없습니당.

- 위치: 제주 제주시 귀아랑길 24
- 영업시간: 매일 08:30-15:00
  매주 일요일 휴무
- 가격: 고기국수 9,000원

28

최고의 식재료로 만드는 국수 한 그릇,
제주시 '자매국수'

식신 AngelinaJ 님의 리뷰

제주도에서 고기국수 하면 빼놓을 수 없는 유명 맛집 자매국
수. 한적한 길가 어귀를 사람들로 줄세우던 예전의 자리를 벗어
나 깔끔한 단독건물에서 손님들을 맞는다. 메뉴는 고기국수와 비

빔국수, 돼지고기 수육을 뜻하는 돔베고기와 물만두로 단순하다. 대표메뉴인 고기국수는 돼지사골육수와 치자면, 제주산 돼지 오겹살로 만든 돔베고기가 올라간 국수다. 돈코츠 라멘과 맑은 돼지국밥 그 사이에 있는 듯한 묵직한듯 잡내없이 깔끔한 국물이 좋다. 여기에 쫄깃한 치자면이 곁들여져 후룩후룩 가볍게 먹을 수 있다. 비빔국수 또한 맛있기로 유명한데, 새콤달콤매콤한 맛이 조화롭게 어우러지는 밸런스 좋은 양념의 맛이다. 여기에 돔베고기를 곁들여 먹으면 부족한 기름진맛이 보완되며 아주 만족스러운 한 끼가 된다.

식신 컨텐츠팀

식신 535150 님의 리뷰

식신 535150

제주도의 3대 국수집 중 하나인 자매국수 !! 인기가 많아서 웨이팅이 좀 있지만 미리 주문하고 기다려서 들어가자마자 메뉴가 나왔어용. 고기국수는 후추 솔솔 뿌려먹으니 따뜻한게 넘 맛있었고 비빔은 새콤달콤한 소스가 강렬한게 정말 맛있었어요. ㅎㅎ 부드러운 돔베고기가 올려져 국수와 함께먹으니 꿀조합!! 제주도에 가시면 자매국수 꼭 가보세용. ㅎㅎ

- 위치: 제주 제주시 항골남길 46
- 영업시간: 매일 09:00-18:00
  (B.T 14:30-16:10)
  매주 수요일 휴무
- 가격: 고기국수 9,000원
  비빔국수 9,000원
  돔베고기 소(小) 18,000원

29

시원한 밀냉면과 수육의 환상조화,
대정 '산방식당'

by_mandm님의 인스타그램

연일 손님들로 문전성시를 이루는 밀면 맛집. 메뉴는 단촐한 편

으로 제주식 밀냉면, 비빔밀냉면, 산방수육 세가지이다. 냉면은

직접 뽑은 쫄깃쫄깃한 면발에 은은하게 새콤달콤한 살얼음 육수

를 부어 만드는데, 중독성이 있는 편. 수육은 투박하게 썰어내 퍽퍽할 것 같은데 의외로 아주 부드럽고 촉촉해서 깜짝 놀라게 되는 메뉴. 감칠맛 있으면서 은은한 단맛이 도는 고추장 양념장을 곁들여 먹으면 느끼함도 사라진다.

식신 454819

입맛 까다로운 남편도 좋아하고 아이들도 좋아해요~ 조미료 맛이 안나니 제 입맛에도 딱이랍니다.

- 위치: 제주 서귀포시 대정읍
  하모이삼로 62
- 영업시간: 매일 11:00-18:00
  매주 수요일 휴무
- 가격: 제주식 밀냉면 9,000원
  제주식 비빔밀냉면 9,000원
  산방수육(200g) 17,000원

30

돔베 고기국수로 유명한 맛집,
성산 '가시아방 국수'

식신 530917님의 리뷰

섭지코지의 작은가게에서 시작하여 인기에 힘입어 깨끗한 건
물로 자리를 옮긴 고기 국수 맛집. 뽀얀 국물에서부터 깊은 풍미
가 느껴지는 고기국수, 새콤한 양념과 야채가득한 비빔국수, 갓

삶아나온 쫀득하고 부드러운 돔베고기를 함께 즐길 수 있는 커플세트가 인기 메뉴이며 단품으로도 주문가능하다. 다양한 매체에 소개된 맛집으로 관광객과 현지 도민에게 꾸준한 사랑을 받는 곳이다. 가게앞 전용 주차장이 있어 주차는 어렵지 않은 편이다.

식신 530917님의 리뷰

• 위치: 제주 서귀포시 성산읍 섭지코지로 10
• 영업시간: 매일 10:00-20:30
　　　　　매주 수요일 휴무
• 가격: 고기국수 9,000원
　　　　비빔국수 9,000원
　　　　돔베고기 33,000원

식신 548978

비오는 날이었는데 차에서 편하게 기다릴 수 있어서 너무 좋았고 커플셋트로 돔베고기도 맛 볼 수 있어서 좋았어요 :) 비빔 그냥 국수 둘 다 너무 맛있었어서 뭐가 더 맛있다고 못하겠어요.. ㅋㅋ 둘이먹으니까 진짜 배불렀고 다음에 제주도 가게 되면 또 가고싶어요.

31

제주에서 맛보는 평양냉면,
안덕 '화순평양면옥'

_anadori_님의 인스타그램

제주도 남쪽 마을 안덕면 화순리에 소담하게 자리잡고 있는 집.
제주에서는 맛보기 어려운 평양냉면을 판매하는 곳이다. 메밀향
이 솔솔 나는 면 똬리를 잘 풀어 육수와 함께 먹으면 시원하면서

도 슴슴한 매력의 냉면이 완성된다. 육수에 육향과 감칠맛이 어느정도 있는 편으로, 초심자가 찾아도 좋을 만한 정도의 맛이다. 여기에 슴슴하게 볶은 김치와 무절임이 밥상에 찬조를 한다. 또 다른 인기 메뉴인 수육을 시키면, 곁들여 나오는 대파김치가 또 다른 별미다. 한입크기로 자른뒤 수육과 함께 즐기면 된다. 매콤새콤달콤한 맛의 비빔냉면도 준비되어 있어 평양냉면을 좋아하지 않는 사람과도 편히 찾을 수 있는 곳.

eat_play_love_jeju님의 인스타그램

식신 가즈아
제주에서 평냉을 먹을 수 있다는 것만으로도 좋은데 심지어 꽤 맛있음!! 육수가 간간한 편이라 더 좋았어요.

- 위치: 제주 서귀포시 안덕면 화순로 128
- 영업시간: 매일 10:30-17:00
- 가격: 평양냉면 12,000원
  수육 25,000원
  비빔냉면 12,000원

해물라면

32

바닷바람 느껴며 먹는 해물라면,
애월 '놀맨'

eunjung_1584님의 인스타그램

제주도 바다를 보면서 라면을 먹을 수 있는 애월에 위치한 '놀맨'. 현무암으로 돌담이 이루어진 돌담과 그 위에 걸려있는 잠수복 등이 제주도의 여유로운 분위기를 느낄 수 있는 곳이다. 직접 잡은 해산물로 끓여주는 '해물라면'이 단일 메뉴다. 빨간 국물이 아닌, 나가사키 짬뽕과 사리 곰탕의 중간 맛으로 담백한 맛을 좋아하는 사람들에게 인기가 많다. 통통하게 살이 오른 새우, 홍합, 꽃게의 씹는 맛과 시원하고 진한 국물 더해져 해장용으로도 좋다. 노포 분위기에서 식사를 즐길 수 있는 곳이며, 자리가 부족할 때에는, 합석을 하는 경우가 있으니 참고하면 좋다. 비나 바람이 심하면 휴무하는 경우가 있으니 방문 전 참고하면 좋다.

식신 이웃집 강아지

아침 일찍 부지런히 갔는데도 웨이팅 티켓 받고 근처 어슬렁거림. 라면 하나 먹기엔 1시간 기다림은 기본 ㅠㅠㅠㅠ 음식이 빠르게 나오는 편은 아니였던. 그래도 맛은 굿굿 돈 주고 사먹을 만함!

- 위치: 제주 제주시 애월읍 애월로1길 24
- 영업시간: 매일 10:00 - 18:00
  (B.T 15:00 - 16:00)
  매주 화요일 휴무
- 가격: 해물라면 10,000원

33

제주 바다를 바라보며 즐기는,
제주 애월읍 '노라바'

shoong_____님의 인스타그램

애월해안가에 위치하여 바다가 내려다보이는 오션뷰의 해물라
면 맛집이다. 문어한마리가 통으로 올라간 문어라면, 바다의 향이
가득한 해물라면, 알찬 구성의 도시락이 노라바의 인기메뉴다. 매

shoong_____님의 인스타그램

일 아침 신선한 재료로 육수을 직접 끓여 맛을 낸 해물라면은 육수가 소진되면 영업을 종료하므로 확인 후 방문을 추천한다. 바로 옆건물 별관의 옥상이 오션뷰로 유명한편이지만 본관에서 직접 라면을 픽업해야 해 장단점이 있는 편. 다수의 방송에 출연한 이력이 벽면에 걸려 있을 정도로 인기 있는 매장이라 웨이팅이 있을 수 있으니 방문 전 참고하면 좋다.

식신 kelly

제주도에서 해물 라면을 찾던 중 비주얼이 정말 대박이었던 애월에 있는 노라바를 찾았어요. 많은 해물 라면집이 있지만 여기 비주얼 따라 올 수가 없었어요. 매운 맛의 단계도 3단계로 아이도 함께 먹을 수 있어 좋았고 도시락 메뉴도 따로 있어 좋았어요. 모든 시스템이 셀프라 조금 불편하긴 했어요. 그렇게 저렴한 가격은 아니었는데 말이죠. ㅎㅎ 하루에 한정된 수로만 판매되는 문어라면도 먹었는데 문어 다리 참 실했어요.

shoong_____님의 인스타그램

- 위치: 제주 제주시 애월읍 구엄길 100
- 영업시간: 평일 10:00-16:30
    　　　　주말 10:00-17:00
- 가격: 해물라면 9,900원
    　　　문어라면 15,900원
    　　　문어숙회 12,000원

34

문어가 들어간 라면이 인기인 한식당, 성산 '경미네집'

sizzflair03님의 인스타그램

성산 일출봉 인근에 있는 자그마한 규모의 식당. 가게 곳곳에 써진 낙서들이 학창시절 자주 들렀던 분식집이 생각나게 만드는 정감가는 공간이다. 전복, 해삼, 소라 등 해녀들이 갓 잡아올린 싱싱한 해산물을 맛볼 수도 있지만 가장 유명한 메뉴는 바로 '해물 라면'. 문어와 조개, 딱새우 등 그때그때 재료에 따라 라면 고명 이 달라지는데 시원한 맛 만큼은 변치 않는다. 성게를 푸짐하게 넣어 김가루만 넣고 비벼먹는 성게밥은 진한 바다의 풍미가 일 품이다. 가게앞 주차공간은 협소한 편이므로 인근 방파제 근처 에 주차해야한다.

sizzflair03님의 인스타그램

식신 청담 테니스 마녀

문어와 해물라면 맛있네요.
자극적이지 않고 소박한 맛입니다.
물흐르듯 과하지 않지만 친절한
주인분들도 기분좋습니다.

● 위치: 제주 서귀포시 성산읍 일출로 259
● 영업시간: 매일 07:30-18:00
　　　　　　　매달 마지막 화요일 휴무
● 가격: 해물라면 8,000원
　　　　문어숙회 30,000원
　　　　성게밥 15,000원

4
장

해장국

해장국
순댓국

해장국

35

'완뚝'하게 만드는 마성의 국물,
제주 '산지해장국'

식신 얌얌이얌님의 리뷰

마성의 국물 맛으로 최근 인기를 끌고 있는 해장국 전문점. 소
고기 해장국은 탱글한 선지 몇 덩이와 콩나물, 배추, 소고기로 뚝
배기를 채우고 뜨끈한 육수를 부어 낸다. 내장탕은 소양과 곱창

이 넉넉하게 들어간 것이 특징. 한번 볶아낸 듯한 양념장이 올려진 채로 나오는데, 매운 것을 먹지 못한다면 주문 시 양념장을 제외해달라고 미리 요청하면 된다. 이곳의 백미는 바로 차지게 입에 붙는 국물. 채수를 중심으로 한 기름기 적은 국물에 매콤한 양념장을 잘 섞어 입에 넣었을 때 차지게 붙는 맛이 좋다. 따로 주는 다진 마늘과 청양 고추를 기호에 따라 넣어 먹으면 더 좋다.

식신 얌얌이얌님의 리뷰

식신 오늘도 먹는다 얌얌

솔직히 해장국이 거기서 거기지 했는데... 선지랑 국물까지 깨끗하게 다 비운건 아주 오랜만이네요. 국물이 정말 시원하고 깊은 맛이 납니다. 다대기를 볶아서 넣은 듯 한데 국물이랑 섞으면 감칠맛이 확 살아나네요. 아이들 먹을 메뉴가 없는데 다대기 빼달라하면 맑은 국물에 줍니다. 서비스도 친절하고 좋았어요~

● 위치: 제주 제주시 임항로 34
● 영업시간: 매일 06:00-15:00
　　　　　　매주 수요일 휴무
● 가격: 소고기해장국 10,000원
　　　　소내장탕 11,000원

36

제주 고유의 맛,
제주 '우진 해장국'

식신 컨텐츠팀

제주식 해장국으로 유명한 '우진해장국'. 대표메뉴는 사골 육수
에 고사리를 넣고 걸쭉하게 푹 끓여낸 '고사리 육개장'이다. 제주
에서만 먹을 수 있는 전통 보양식으로, 깊고 담백한 맛에 인근 주

민뿐만 아니라 관광객들로 항상 북적인다. 잘게 찢어진 고사리는 마치 소고기를 먹는 듯한 느낌을 준다. 구수하면서 부드럽게 후루룩 넘어가는 맛이다. 해조류 모자반을 넣고 끓인 칼칼하고 시원한 맛의 '몸국'도 인기 메뉴라고 하니 참고할 것.

식신 541978님의 리뷰

식신 미불링님의 리뷰

식신 쭘댕방

고사리 해장국에 신기원. 이제껏 먹어보지 못한 제주도의 해장국 처음 안지 얼마 안됐지만 벌써 몇 번을 갔을 정도로 내입 맛을 사로잡네.

- 위치: 제주 제주시 서사로 11
- 영업시간: 매일 06:00~22:00
- 가격: 사골해장국 10,000원
    고사리육개장 10,000원
    녹두빈대떡 15,000원

37

진한 육수의 소고기 해장국 전문점,
제주 '은희네 해장국'

sky_sora_sol님의 인스타그램

제주도민들이 좋아하는 제주 해장국 맛집으로 공항에서 가까
워 여행전 든든히 먹고 이동하기에 좋은곳이다. 도민뿐만 아니라
관광객들에게도 끊임없이 사랑받는 곳으로 오랜세월이 엿보이는

인테리어의 내부공간은 넓은편이다. 큼지막한 선지와 잘게썬 소고기와 콩나물, 시래기 등의 이 들어간 소고기 해장국이 단일메뉴로 고기와 선지가 푸짐하고 재료의 삼박자가 고루 갖춰진 느낌의 해장국이다. 다대기가 기본으로 들어가 있으니 싫어하시는 분들은 미리 주문하기전에 이야기 할 것. 매장 앞에 4.5대 정도 주차가능한 주차장이 있으며 그외에는 골목주차를 이용해야 한다.

sky_sora_sol님의 인스타그램

sky_sora_sol님의 인스타그램

식신 454883

'전국 3대 해장국' 중 하나라고 불리는 은희네 해장국집!! 여기 대박이에요ㅋㅋㅋ 진짜 유명하고 국물이 정말 시원함.

- 위치: 제주 제주시 고마로13길 8
- 영업시간: 매일 06:00-15:00
  (토,일은 14:00 마감)
  매주 목요일 휴무
- 가격: 소고기해장국 11,000원

38

국물 맛이 깊은 해장국과 곰탕,
제주 '백성원해장국'

yoonseoksa님의 인스타그램

제주도민들이 자주 찾는 제주식 해장국 노포 맛집이다. 외관에
서부터 세월의 흔적이 느껴지는 곳으로 오랜 명성을 인증이라도
하듯 늘 손님이 많다. 진하면서 속이 뻥 뚫리는 시원한 맛의 육수

에 선지, 양지고기, 콩나물, 당면, 각종 야채가 푸짐하게 들어가 있어 단촐하면서도 든든하다. 얼큰하고 깊은 맛의 국물에 소깐양 이 더해져 잡내 없이 깔끔한 내장탕과 통통하게 오른 살에 짭조 름하면서 달콤한 양념이 밴 간장게장도 인기 메뉴. 주차장이 마 련되어 있지 않아 골목길이나 인근 공영주차장을 이용해야 한다.

식신 오늘은탕짜면

정말 매주 찾아가고
있어요~ 진짜 좋아요.

- 위치: 제주 제주시 동광로4길 1
- 영업시간: 매일 06:00-16:00
- 가격: 해장국 10,000원
  내장탕 11,000운
  곰탕 11,000원

39

뚝배기 속 넉넉하게 담긴 할머니의 정,
제주 '재벌식당'

joanne1020님의 인스타그램

빛바랜 간판과 허름한 외관과는 달리 고수의 손맛으로 만드는
음식이 주는 반전 매력에 얼얼해지는 곳. 2인이상부터 식사할 수
있고 어린이 출입 불가, 포장 불가 등 이용 규칙이 상당히 까다롭

지만 그런데도 찾는 이가 많다. 메뉴는 오로지 '곰탕' 하나. 국내산 소를 사용해 오랜 시간 고아 응축된 듯 녹진한 육수 속에 야들야들한 소고기가 넉넉하게 들어있다. 국물 반 고기 반이라고 해도 무리가 없을 정도의 고기양. 김치와 깍두기, 무장아찌 등 국내산 식재료로 정성스럽게 만든 반찬도 튀지 않고 곰탕과의 궁합이 좋다. 아침에 문을 열고 재료가 소진되면 문을 닫기 때문에 방문할 요량이면 일찍 가는 것을 추천한다.

mimi.3214님의 인스타그램

식신 548843

이번 제주도 여행 식사 중 독보적 완탑
나에게 오승환급 여행 마무리를 선사
해준 재벌식당 곰탕. 밥도 찹쌀 살짝 넣고
갓지어 찰지고 반찬도 정갈하고
진짜 엄마가 정성가득 끓여준
밥상 받는 기분.

● 위치: 제주 제주시 도령로7길 20 신광아파트
● 영업시간: 매일 08:00-14:00
● 가격: 곰탕 15,000원

순댓국

40

막창의 쫄깃한 매력,
남원읍 '범일분식'

angie.won님의 인스타그램

자그마한 분식집으로 시작해 순대 전문점으로 자리 잡은 '범일분식'. 세월의 흔적을 보여주는 매장 내부가 정겨운 분위기를 물씬 풍긴다. 대표 메뉴는 돼지 뼈와 들깨를 4시간 이상 푹 끓여 걸쭉한 식감과 깊은 맛이 매력적인 '순대백반'. 밑반찬으로 제공되는 깻잎지에 순대를 싸서 함께 먹으면 순대의 쫄깃함이 한층 살아난다. 돼지 막창에 선지, 찹쌀, 채소를 넣어 두툼하게 썰어낸 '순대한접시'도 인기 메뉴. 다양한 부속 부위가 푸짐하게 제공되어 술안주로도 그만이다. 재료 소진으로 조기 마감할 수 있으니 여유 있게 방문하는 것을 추천.

daoreee님의 인스타그램

식신 즉석떡뽀끼

괜찮았어요. 남원에 제주 전통 순댓국이 유명한 집입니다. 막창 찹쌀 순대인데요. 껍질이 쫄깃하니 그동안 먹던 순대하고는 좀 다릅니다. 국물이 정말 깊고 시원합니다. 해장용으로 그만이에요. 분식은 팔지 않습니다. 아마도 분식점으로 시작했는데 순대가 맛있다 보니 순대 전문점으로 진화되지 않았을까 상상해 봅니다. 맛있는 제주 순대 맛보세요.

- 위치: 제주 서귀포시 남원읍 태위로 658
- 영업시간: 매일 09:00-17:00
  매주 토요일 휴무
  (재료 소진시 조기마감)
- 가격: 순대백반 9,000원
  순대 한접시 11,000원
  막걸리 3,000원

41

속이 꽉 차 있는 제주식 순대,
제주 '감초식당'

content_monster_yoopd님의 인스타그램

허영만의 만화 '식객'에도 나왔던 식당으로 재래시장인 보성시
장 안에 위치한 순대국밥집이다. 육지보다 다양한 재료로 만들어
내는 제주식 순대 맛을 제대로 선보이는 곳으로 쫀득쫀득하면서

도 속이 꽉 차 있는 순대를 맛볼 수 있다. 푸짐한 순대, 머릿 고기, 내장 등을 뜨끈하게 끓여낸 순대국밥과 순대, 머릿고기, 내장, 막창과 뜨끈한 순댓국의 국물을 다양하게 즐길 수 있는 모듬순대가 인기 메뉴이다. 그 외에도 순대전골, 내장전골, 닭볶음탕 등을 판매하고 있다. 보성시장의 보성전통먹거리장터 안에 있으며 건물 내 지하 주차장에 주차할 수 있다.

content_monster_yoopd님의 인스타그램

ted_kim32님의 인스타그램

식신 음소거

제주도 여행 가서 먹은 음식 중에 지금도 종종 생각나는 감초식당의 순대국밥! 배추가 들어간 국밥은 처음 보는데 국물이 한층 개운한 느낌이라 먹고 나서도 텁텁하지 않고 좋더라구요. 모듬순대 시켰는데 진짜 푸짐해서 술이 아주 술술 넘어갔어요. ㅎㅎ

- 위치: 제주 제주시 동광로1길 32
- 영업시간:매일 11:30-21:30
- 가격: 모듬순대 15,000-25,000원
  감초순대국밥 8,000원
  순대전골 30,000원

42

현지인들에게 사랑받는 제주식 몸국과 순대국,
표선 '명문가시리식당'

raul.0327님의 인스타그램

제주의 토속음식을 합리적인 가격으로 만날 수 있는 식당. 대
표 메뉴인 '몸국'은 돼지고기와 뼈를 푹 고아 뽀얗게 우러난 육수
에 모자반과 미역귀 등을 넣어 끓여낸 뒤 메밀가루를 풀어 꾸덕

raul.0327님의 인스타그램

한 점도로 만든 것으로 부드러우면서도 깊고 편안한 맛이라 속을 뜨끈하게 채워주는 식사다. 이 몸국 국물을 베이스로 하여 제주식 순대를 넣어 만드는 순댓국도 제주에서만 맛볼 수 있는 별미다. 두루치기도 인기가 많다.

raul.0327님의 인스타그램

식신 454909

몸국 첨 먹어 봤는데 되게 맛있었어요!! 엄청 걸쭉하고 더 찐~한 순대국 같은??? 해장으로도 딱이겠더라구요. ㅋㅋㅋ

- 위치: 제주 서귀포시 표선면 중산간동로 5218
- 영업시간: 매일 09:00-21:00
- 가격: 순대국 9,000원
  두루치기 10,000원
  몸국 10,000원

125

43

40년 전통의 내공,
표선 '가시식당'

raul.0327님의 인스타그램

40년 동안 운영된 '가시식당'은 제주 향토음식 전문점이다. 제주도 돼지고기를 포함해 모든 식재료는 국내산만 이용한다. 대표 메뉴 '순대한접시'는 선지의 비율이 높아 진한 육향을 느낄 수 있

raul.0327님의 인스타그램

다. 씹을수록 입안 가득 퍼지는 메밀의 구수한 맛과 선지의 풍미가 매력적이다. 지역주민들이 많이 찾는 곳으로 돼지 특유의 향이 진하게 나기 때문에 입맛에 따라 호불호가 갈릴 수 있다. 돼지고기가 부드럽게 으스러질 정도로 오랜 시간 끓여낸 '몰망국'도 인기 메뉴. 육수에 해초를 넣어 시원한 맛을 더한 것이 특징이다. 이외에도 국수, 백반, 고기 등 다양한 식사류도 준비되어 있다.

식신 사르트르

밑반찬부터 아쉬울 게 없었어요. ㅎㅎ땀 뻘뻘 흘리면서 돌아다닌 하루를 딱 깔끔하게 정리해주 는 맛집.

raul.0327님의 인스타그램

- 위치: 제주 서귀포시 표선면 가시로 565번길 24
- 영업시간: 매일 08:30-20:00 (B.T 15:00-17:00) 매달 2,4번째 일요일 휴무
- 가격: 순대백반 10,000원 두루치기 10,000원 순대한접시 10,000원

제주의 따뜻한 온정을 느끼다

5
장

———

향토
음식

———

한정식

44

덕승호에서 잡은 싱싱한 자연산 활어,
모슬포 '덕승식당'

식신 쪼끄레기님의 리뷰

모슬포항 인근에 있는 갈치조림이 유명한 로컬식당이다. 외관
은 세월의 흔적이 느껴지는 작은 가게지만 내부는 깔끔하게 유지
중이다. 내부 한쪽 벽면엔 각종 수상, 인증자료가 걸려있어 덕승

식신 사우디왕자님의 리뷰

unlimited_jaehan님의 인스타그램

식당의 명성을 느낄 수 있다. 자작한 국물에 통통한 제주산 갈치와 각종 야채가 들어간 칼칼한 맛의 갈치조림이 인기 메뉴다. 다른 식당에 비해 합리적인 가격으로 제주산 갈치를 만나볼 수 있어 가성비가 돋보이는 곳. 식당 앞으로 주차 공간이 마련되어 있으니 참고하자.

unlimited_jaehan님의 인스타그램

식신 쭈꾸레기

갈치조림이 유명한 집!이지만 저는 덕승식당에는 갈치국을 먹으러 갑니다.ㅋㅋ 갈치조림도 매콤하고 달달해서 맛있지만 많이 특별한 맛은 사실 아니에요. 갈치국에는 호박과 배추가 갈치와 함께 들어가는데, 싱싱한 갈치로만 만들 수 있기 때문에 비린맛도 없고 칼칼하고 깔끔한 국물이 매력적이에요! 덕승식당에 가신다면 갈치국을 추천드립니당.ㅎ

- 위치: 제주 서귀포시 대정읍 하모항구로 66
- 영업시간: 매일 10:00-20:40 (B.T 15:30-16:30)/ 매주 화요일 휴무
- 가격: 한치물회 15,000원/ 자리물회 13,000원/ 회덮밥 13,000원

45

갈치회와 고등어회가 인기인 회 전문점,
제주 '물항식당'

ttoeat_where님의 인스타그램

제주의 토속음식 중의 하나인 갈칫국으로 유명한 '물항식당'.
현지인과 관광객들이 자주 찾는 곳으로 신선한 갈치에 배추, 호
박 등의 야채를 넣고 팔팔 끓여낸 깊은 맛의 개운한 갈칫국을 선

식신 AngelinaJ님의 리뷰

보이는 곳이다. 그 외에도 갈치조림, 갈치구이, 물회, 활어회 등의 다양한 메뉴를 판매 중이다. 바로 옆의 물항수산을 같이 운영하고 있어 신선한 수산물을 맛 볼수 있다. 가게 앞에 주차는 가능하나 넉넉한 편은 아니다.

식신 AngelinaJ님의 리뷰

식신 AngelinaJ

집에 돌아가기 전에 꼭 가는 집 또는 아침 도착시 제일 먼저 가서 먹는 집 반드시 갈치조림! 4명이어도 갈치조림 2개를 시키는 게 현명 여기서 갈치조림을 먹으면 서울에서는 갈치조림 먹기가 싫다. 매콤한 푸딩같은 갈치살!

- 위치: 제주 제주시 임항로 37-4
- 영업시간: 매일 08:00-21:00 (B.T 15:00-16:00)/ 매주 화요일 휴무
- 가격: 갈치구이 55,000원/ 갈치구이 백반 15,000원/ 삼치회 40,000원

46

담백함이 살아있는 갈치국,
서귀포 '네거리식당'

a_sensitive_papa님의 인스타그램

제주에 오면 꼭 먹어야 하는 생갈치요리전문점이다. 통통한 갈
치에 칼칼한 양념이 어우러진 갈치조림과, 신선한 갈치로만 끓여
낼 수 있는 제주 토속음식인 갈칫국, 고소하고 부드러운 맛이 일

품인 갈치구이까지 제주산 은갈치만을 사용하여 다양한 요리를 선보이고 있다. 현지인과 관광객들이 자주 찾아 인기가 많은 곳으로 식사 시간대에 따라 대기가 있을 수 있다. 매장 옆의 무료 주차장을 이용할 수 있다.

a_sensitive_papa님의 인스타그램

식신 HipSter

그동안 비 오느라 회를 먹지도 못해서…. 부들부들 ㅠㅠㅠㅠ 고기만 먹다가 속이 느글느글해-!!_-서 찾은 맛집임!!! 후!!! 이거 안 먹음. 어쩔뻔 했어!!! 갈칫국이 기름진 속을 싹 씻어내는 기분!!-!!!--!

- 위치: 제주 서귀포시 서문로29번길 20
- 영업시간: 매일 07:00-21:40
- 가격: 갈치국 16,000원
      성게미역국 16,000원
      갈치구이 1인분 30,000원

47

제주향토음식 성게 보말국이 인기인 곳,
서귀포 '중앙식당'

hello_jejuisland님의 블로그

제주에서 나는 해산물로 차린 한 끼를 맛볼 수 있는 한식당이다.
외부는 다소 허름한 느낌의 동네 식당의 분위기지만 내부는 깔끔
하고 테이블도 많은 편이다. 제주도에서 '보말'이라 부르는 고둥과

hello_jejuisland님의 블로그

성게, 미역을 넣고 끓이는 '성게보말국'이 가장 인기이며 그 외에도 성게국, 갈칫국, 갈치구이, 갈치조림, 옥돔구이 등 다양한 메뉴를 판매 중이다. 식당 앞에 2~3대 정도 주차 가능하니 참고할 것.

hello_jejuisland님의 블로그

식신 ameli L.

동네 주민들이 많이 오는 곳인듯.
푸짐한 밑반찬들이 모두 맛있고
메뉴 무지 많아서 입맛대로
주문할 수있음.

- 위치: 제주 서귀포시 안덕면 화순로 108
- 영업시간: 매일 06:00-20:00
             매달 1,2,4, 목요일 휴무
- 가격: 성게보말국 15,000원
         갈치구이 24,000원
         해물된장찌개 10,000원

137

48

갈치구이와 고등어조림 맛있는 집,
제주 '복집식당'

skdzhddl.zip님의 인스타그램

제주 바다를 대표하는 은갈치 조림과 갈칫국 전문점이다. 1969
년에 개업한 오랜 전통을 자랑하는 곳으로 제주의 향토 음식을
맛볼 수 있는 맛집 중의 맛집이다. 최근에는 위치를 옮겨 제주 바

skdzhddl.zip님의 인스타그램

식신 Angelina님의 리뷰

다를 바라보며 식사를 할 수 있는 오션뷰가 일품이며 내부 또한 깔끔하고 세련된 분위기로 탈바꿈했다. 제주산 생물 갈치에 각종 야채를 넣어 푹~ 끓여내 깔끔하고 칼칼한 맛의 갈칫국이 시그니처메뉴이다. 그 외에도 갈치조림, 갈치구이, 성게미역국, 물회 등도 판매 중이다.

skdzhddl.zip님의 인스타그램

식신 수원시청앞돼지
갈치는 생물만 사용하는 고집이 있는 집. 조미료를 사용하지 않으며 음식에 정성을!!! ㅠㅠ좋은 편이에요.

● 위치: 제주 제주시 흥운길 85
● 영업시간: 매일 09:00-17:00
　　　　　매주 일요일 휴무
● 가격: 갈치국 15,000원
　　　　성게미역국 15,000원
　　　　고등어구이 18,000원

바다 내음 한가득!
제주 바다를 품다

6장
—

해물
요리

二

49

시원 칼칼한 갈치조림의 세계,
성산 '맛나식당'

식신 마포면먹러님의 리뷰

성산 광치기해변 인근에 있는 아담한 식당. 제주하면 떠오르는
대표 음식 '갈치조림'을 다른 식당 대비 굉장히 저렴한 가격대에
판매해 입에서 입으로 점차 소문이 났다. 지금은 늘 웨이팅이 있

을 정도로 유명해 진 곳. 많이 맵지 않으면서도 감칠맛 넘치는 양념에 오동통한 갈치가 만나 그야말로 '맛 없을 수 없는' 밥도둑 요리가 완성된다. 매장이 아담해 웨이팅이 긴 편이니 방문하고자 한다면 서두르는 것을 추천한다.

kimheekyoung83님의 인스타그램

● 위치: 제주 서귀포시 성산읍 동류암로 41
● 영업시간: 매일 08:30-14:00
　　　　　매주 수,일요일 휴무
● 가격: 갈치조림 13,000원
　　　　고등어조림11,000원

식신 550182

짭짤 달콤 합리적인 가격!!^^ 웨이팅이 긴편이고 점심까지만 식사 가능한 점 참고 하세요~ 소문난 맛집이고 오래된 식당이라 맛은 보장 됩니다^^

143

50

중독적인 양념에 어우러진 갈치,
한림 '만민식당'

식신컨텐츠팀

신선한 제주 수산물을 활용한 해물 요리전문점이다. 성게알, 전
복, 게, 새우, 문어 등 다양한 해산물과 콩나물, 미나리, 버섯 등의
야채를 넣고 시원하게 끓여내는 해물 전골과, 제주산의 통통한

식신컨텐츠팀

은갈치를 감자, 무와 함께 조려낸 갈치조림이 인기 메뉴이며 그
외에도 전복뚝배기, 간장게장, 옥돔구이 등 다양한 해산물 요리
를 판매 중이다. 단체 손님도 수용할 수 있는 넓은 규모의 식당으
로 외부의 공간도 넓은 편이라 주차도 어렵지 않다.

식시컨텐츠팀

식신 회바라기 ♡

해물전골 대박! 사진 구라 아님.
똑같이 나옴. 마지막 날 생각나서
갈치조림 시켰는데 더 대박!
제주 핫플레이스 인정!

• 위치: 제주 제주시 한림읍 중산간서로 4618-1
• 영업시간: 매일 10:00-21:00
　　　　　　 매주 월요일 휴무
• 가격: 갈치조림 58,000-130,000원
　　　　 고등어조림 28,000 - 48,000원
　　　　 전복구이 35,000원

51

바다를 바라보며 즐기는 고등어묵은지 쌈밥,
애월 '이춘옥원조고등어쌈밥'

jeju_glutton 님의 인스타그램

애월에 위치한 해산물 전문점. 고등어묵은지찜과 통갈치구이,
옥돔구이, 전복뚝배기 등 다양한 해물 요리를 맛볼 수 있다. 대
표 메뉴인 '고등어 묵은지찜'은 김치맛이 잘 배인 촉촉한 고등어

살을 쌈 채소에 싸 먹는 요리다. 기름기가 오른 통통한 고등어는 살이 많아 싸 먹기에 제격. 2인분 기준 반포기가 그대로 들어있는 묵은지는 양이 많아 밥 위에 넉넉하게 올려 먹어도 좋다. 오래 익어 말랑말랑 촉촉한 무도 별미. 또 다른 인기 메뉴인 '통갈치구이'는 테이블을 가득 채울 정도로 커다란 갈치를 오븐에 구워내 담백한 갈치의 맛이 일품이다. 바다를 바라보며 식사할 수 있는 오션뷰 좌석이 있어 뷰와 맛 모두를 챙길 수 있다. 온라인을 통해 예약하면 10% 할인까지 받을 수 있다.

bkwang_0619님의 인스타그램

bkwang_0619님의 인스타그램

식신 아쁘띠

묵은지가 큼지 막하게 올라 가니
고등어랑 맛있게 먹을 수 있었습니다 :-)
양도 넉넉해서 가족 네 명이 배 부르게
잘 먹고 가요~ 고등어찜만 해도 간이
딱 되어서 그냥 쌈 싸 먹는게
더 맛있었어요~

● 위치: 제주 제주시 애월읍 일주서로 7213
● 영업시간: 매일 10:00-20:30
　　　　　　 (B.T 16:00-17:00)
　　　　　　 매주 화요일 휴무
● 가격: 고등어묵은지찜(2) 36,000원
　　　　 통갈치구이 58,000원
　　　　 옥돔구이 36,000원

52

노릇노릇~ 입맛 당기는 생선구이 정식,
세화 '재연식당'

식신544259님의 리뷰

　제주의 가정식을 선보이는 곳. 인기 메뉴는 '엄마정식'으로 노
릇노릇 잘 구워진 고등어구이, 매콤한 제육볶음, 하나하나 깔끔
하고 정갈한 각종 밑반찬까지 따뜻한 엄마의 저녁 밥상과도 같

은 느낌의 한상차림을 받아볼 수 있다. 그 외에도 갈치정식, 옥돔
정식, 우럭정식 등의 한식 메뉴가 많아 선택지가 넓다. 다만 생선
구이를 전문으로 하고 있어 조림류는 판매하지 않으며 초등학생
이상 1인 1메뉴 주문 필수이니 참고할 것. 전용 주차장은 없지만
인근에 공용주차장을 이용하면 된다.

식신 얼화수목금토

제주 여행 갔다가 우연히 들린 맛집. 생
선구이만 나와도 괜찮은데 제육볶음까지
나오다니.. 정말 혜자스러운 곳이에요. 메
인 음식도 맛있지만, 함께 차려지는 밑반
찬도 엄지 척! 다음에 제주 여행을 또 온다
면 꼭 다시 방문하고 싶네요! ^_^

- 위치: 제주 제주시 구좌읍 세화3길 27-2
- 영업시간: 매일 10:00-19:30
  (B.T 15:00-17:00)
  매주 일요일 휴무
- 가격: 엄마정식 9,000원
  갈치정식 15,000원
  옥돔정식 16,000원

53

대통령 맛집으로 잘 알려진,
한림 '옹포별장가든'

yangcookie_님의 인스타그램

'옹포별장가든'은 김구 선생과 역대 대통령들이 다녀갈 만큼 유서 깊은 제주 향토 음식 전문점이다. 맛자랑대회에서 최우수상을 받은 선인장 김치, 전국 김치 엑스포에서 대상을 받은 감귤 무채

옹포별장가든 공식제공

옹포별장가든 공식제공

등 사장님이 직접 개발한 김치를 맛보는 재미도 있다.대표 메뉴는 전복 내장으로 고소함을 살린 밥 위에 전복, 단호박, 날치알을 넉넉히 올려 제공하는 '전복 돌솥밥'. 담백한 맛을 자랑하는 밥에 쫄깃쫄깃한 전복과 톡톡 터지는 날치알이 어우러지며 씹는 재미를 더한다. 뚝배기에서 밥을 덜어낸 다음, 물을 부어 만든 누룽지는 식사 후 구수하게 입가심하기에 제격이다.

식신 진화중인뇨자

매장 들어서는 길에 나무들이 잘 꾸며져 있어서 있어 분위기가 너무 좋더라구요. 전복 돌솥밥에는 전복도 많이 들어있어 한 숟갈 뜰 때마다 입 안에 전복이 들어오더라고요. 간이 삼삼한 편인데 같이 나오는 젓갈이랑 김치 올려 먹으면 딱 좋아요.

yangcookie_님의 인스타그램

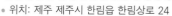
- 위치: 제주 제주시 한림읍 한림상로 24
- 영업시간: 매일 11:00-21:00
  (B.T 16:00-17:00)
- 가격: 전복돌솥밥 16,000원
  통갈치조림(2인) 66,000원
  통갈치구이 54,000원

54

말 그대로 기억에 남을 만한 맛집,
서귀포 '기억나는집'

janny_yammy님의 인스타그램

서귀포 올레시장 인근에 위치한 기억나는집. 해물탕과 갈치조
림, 생선구이 등의 해물 요리를 판매한다. 해물탕을 주문하면 아
담한 사이즈의 전복을 푸짐하게 올려낸 전복 군단을 중심으로 낙

지, 새우, 꽃게 등 해물로 꽉 찬 냄비가 나온다. 해물만으로도 국물맛이 짐작가는데, 여기에 콩나물까지 더해져 그야말로 가슴 속까지 시원한 맛을 자랑한다. 해물을 어느정도 건져 먹다 남은 국물에 라면이나 칼국수 사리를 넣어 먹어도 좋다. 갈치조림도 꽤나 맛있게 하기로 유명한데 통통한 갈치와 중독성 넘치는 양념이 예사롭지 않다. 가게 이름처럼 이곳을 다녀간 사람들의 기억에 강하게 남을 만한 맛집이다.

janny_yammy님의 인스타그램

- 위치: 제주 서귀포시 중앙로 6
- 영업시간: 매일 08:30-21:30
        (매달 2,4번째 화요일 휴무)
- 가격: 해물탕(소) 45,000원
        갈치조림(소) 50,000원
        고등어구이 15,000원

식신 후스콜미010
매일매일 싱싱한 조개가 한트럭 들어와욤~ㅎㅎㅎ 지나가다 보면 사장님이 조개 상태 보고 매장에 들이는 모습을 몇 번 봤었어욤ㅎㅎㅎ 그래선지 딴데는 안 가고 여기만 오게 된다는?ㅎㅎㅎ

바다보며 먹는
제주만의 특별한 김밥

7
장

분식

55

제주 여행 필수 코스,
서귀포 '오는정김밥'

식신 Eunae님의 리뷰

제주 대표 김밥 전문점. 튀긴 유부를 밥에 섞어 단무지, 햄, 맛
살, 당근, 계란을 넣은 짭조름하면서도 고소한 맛이 느껴지는 오
는정김밥이 시그니처로, 그 외에도 치즈김밥, 참치김밥, 깻잎김

밥, 멸치김밥 등의 다양한 김밥을 판매 중이다. 예약제로 운영하는 곳으로 당일, 전날 예약하면 원하는 시간에 픽업할 수 있다. 예약 시간 30분 경과 시 자동 취소됨으로 픽업 시간 맞춰서 방문할 것을 추천한다. 김밥을 픽업할 때는 가게 앞에 잠깐 정차할 수 있다. 10분 거리에 공영주차장이 있으니 참고할 것.

식신 534888님의 리뷰

식신 Eunae님의 리뷰

식신 프로배고픔유발러

제주도 도착하면 전화해서 예약하는 집. 속 재료 보면 별것 아닌 것 처럼 보이지만 먹으면 계속 손이 가는 중독성 강한 맛있는 김밥. 다들 왜 예약까지 하면서 먹냐고 하는데 먹어보면 어느새 두 줄째 포장을 뜯고 있는 자신을 발견하게 된다.

- 위치: 제주 서귀포시 동독동로 2
- 영업시간: 매일 10:00-20:00
  (B.T 13:30-14:30)
  매주 일요일 휴무
- 가격: 오는정김밥 3,500원
  참치김밥 5,000원
  멸치김밥 5,000원

56

꽁치가 통째로 들어간,
서귀포 '우정회센타'

___sejin님의 인스타그램

올레시장에서 유명한 생선회전문점이다. 주문과 함께 가게 앞

수족관에서 생선을 잡아 바로 회를 떠주는 신선함이 느껴지는 곳

이다. 광어, 우럭 등의 각종 활어회와 신선하지 않으면 못 먹는

_richjoo님의 인스타그램

고소하고 쫀득한 제주의 별미 고등어회! 그리고 달달하고 싱싱
한 딱새우회도 판매 중이다. 다양한 구성의 회모듬을 판매 중이
며 원하는데로 변경하여 주문가능하다. 푸짐한 양과 질에 비해서
가성비도 좋은 곳이다. 근처의 공영주차장이 있으니 참고 할 것.

_richjoo님의 인스타그

식신 예몽

맛도 좋았지만 따뜻한 배려가 더 기
억에 남는 곳입니다 ^^♥ 혼자 가서 회
덮밥 하나 먹고 꽁치김밥 한 줄 포장했
는데 튀김도 챙겨주시고 심지어 따뜻
한 걸로ㅠ^ㅠ— 김밥은 식을까봐 온
장고에 넣으셨다 챙겨주시더라구요!!
다음에는 일행과 함께 가서 회 먹으려
고 합니다 ^^♥

- 위치: 제주 서귀포시 중앙로54번길 38
- 영업시간: 매일 11:30~21:50
- 가격: 꽁치김밥 4,000원
  전복구이 12,000원

57

푸짐한 재료로 큼지막한 김밥,
제주 '다가미'

제주 3대 김밥으로 유명한 김밥전문점으로 제주도 내 체인점까지 있는 맛집 중의 맛집이다. 시그니처 김밥은 계란, 무장아찌, 어묵, 당근, 오이, 우엉이 들어간 야채김밥 다가미김밥이다 그 외

에도 매콤하게 볶은 멸치와 계란, 무장아찌, 어묵, 당근, 오이, 고추가 들어간 매운멸치쌈김밥, 단짠단짠 소고기볶음과 계란, 무장아찌, 어묵, 당근, 오이, 고추, 우엉이 들어간 소고기롤김밥, 떡갈비, 생마늘, 된장, 계란, 무장아찌, 어묵, 당근, 오이, 멸치, 고추가 들어간 화우쌈김밥 등을 판매 중이다. 김밥의 크기가 큰 대왕 김밥으로 속 재료가 터질 듯 푸짐하여 젓가락보다는 일회용 장갑을 끼고 먹는 편이 좋다. 재료소진 시 영업을 조기 종료하므로 오후 시간대 방문 시 미리 문의하는 게 좋다.

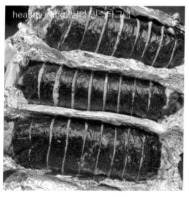

healthy_rang2님의 인스타그램

식신 550182

맛은 엄마가 싸준 김밥처럼 건강한 맛! 자극적이지 않아서 가끔 생각나요~~ 사이즈가 커서 조금만 먹어도 배부름ㅎㅎ

- 위치: 제주 제주시 도남로 111 다솜빌라 1층
- 영업시간: 매일 07:00-15:00
  매주 일요일 휴무
- 가격: 다가미김밥 3,000원
  소고기롤 6,500원
  참치로얄김밥 5,500원

58

제주의 유명인사,
제주 '제주김만복'

gu_jjji님의 인스타그램

포장 판매만 하는 김밥전문점이다. 공항 근처에 있어 여행 첫
날이나 마지막 날 들리면 좋다. 전복 내장에 볶아 고소하고 전복
의 풍미가 가득한 밥에 탱글탱글하면서도 달콤하고 폭신폭신한

지단을 감싼 만복이네 김밥이 시그니처 김밥이다. 아삭한 무절임과 새콤한 오징어무침도 김밥과 곁들이기 좋은 별미이다. 그 외에도 통전복주먹밥, 전복컵밥, 성게미역국 등의 메뉴도 있다. 별도의 주차장은 마련되어 있지 않고 가게 앞 잠시 정차할 수 있다.

gu_jjji님의 인스타그램

식신 kelly님의 리뷰

식신 kelly님의 리뷰

제주에 오면 꼭 먹는 맛집이에요. 맛이 심심하다는 평이 많은데 애들 먹기엔 참 좋았어요. 간편하게 먹기 좋았구요. 가격이 좀 사악하지만 고소하고 맛있습니다. 해변에 앉아 먹는 김밥도 운치 있고 좋았어요. 사이드 메뉴들도 곁들여 먹으면 심심하지 않을것 같아요. 간편한 한끼로는 좋았습니다.

● 위치: 제주 제주시 북성로 65
● 영업시간: 매일 07:00-20:30
● 가격: 만복이네김밥 8,500원
　　　　통전복주먹밥 5,500원
　　　　전복컵밥 9,500원

59

알록달록 시선강탈 비주얼,
제주 '제주시새우리'

haeri.potter님의 인스타그램

제주 새우리에 위치한 김밥전문점이다. 짭쪼름한 딱새우 패티
와 새콤한 양배추의 맛있는 조화가 돋보인다. 시그니처 메뉴인
딱새우김밥, 사르르 녹는 딱새우와 쫄깃한 꼬막을 무쳐낸 딱새우

꼬막무침, 비법 간장에 숙성시켜 탱글탱글한 새우를 올린 간장새우 컵밥 등의 메뉴가 있다. 간단하지만 제주의 맛과 향을 느낄 수 있어 여행 중에 먹기 좋다. 매장 내 취식이 가능하나 보통 포장해서 근처 바닷가에서 먹는 사람이 많은 편이다.

식신 깡지님의 리뷰

haeri.potter님의 인스타그램

식신 Muclo_joo

사려니 숲길 가기 전 간식 삼아 포장을 하러 들린 곳!! 딱새우 김밥을 보는 순간 색깔도 이쁘고 한 입에 넣으면 입 안에서 새우의 오동통한 식감이 너무 맛있었어요. 이런 김밥이라면 보는 것도 먹는 것도 감동을 주는 거 같아요. 제주에 가면 또 들릴 맛집이에요.

- 위치: 제주 제주시 무근성7길 24
- 영업시간: 매일 09:00-19:30
  (재료소진시 마감)
- 가격: 딱새우김밥 7,500원
  간장새우컵밥 8,500원
  새우리해물라면 8,500원

화려한 미식을
즐기는 이색 다이닝

8
장

—

양식

—

레스토랑
제주 이색 음식점

게스토랑

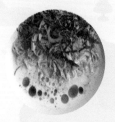

60

제주 바다 뷰를 보며 맛보는 한식 비스트로,
김녕 '넘은 봄'

ming99999님의 인스타그램

시원하게 펼쳐진 제주 바다 뷰가 매력적인 '넘은 봄'. 해외 유
명 레스토랑 출신의 강병욱 셰프가 운영하는 곳이다. '이노베이
티브 한식 비스트로' 컨셉으로 제주에서 나고 자라는 감자, 생선,

톳, 바질 등을 이용한 요리를 만나볼 수 있다. 따뜻한 흰콩 죽에 감태면을 올린 뒤 차가운 참깨소스, 제주 흑돼지 하몽 뼈 스톡, 깻잎 오일, 레드프릴을 얹어 마무리한 '감태면'이 대표 메뉴다. 맑은 초록빛을 띠는 감태면은 전통 방식 그대로 사람이 직접 면을 늘리는 작업을 거쳐 만든 송철수 명인의 수연 면을 사용했다. 고소한 콩죽과 인공색소 없이 감태만을 첨가하여 은은한 바다 향을 머금은 감태면의 풍미가 코를 자극한다. 면발 사이사이 하몽 뼈 스톡과 깻잎 오일이 스며들어 고소한 맛과 향긋한 향미를 동시에 느낄 수 있다.

식신 GlueStick

셰프의 설명을 좀 더 자세히 듣고 싶다면 바 자리를, 바다 뷰를 보며 먹고 싶다면 테이블 자리를 추천합니다. 넘은 봄에서 가장 맛있게 먹었던 요리는 감태면입니다. 고소한 맛이 좋아 다음에 와도 또 시킬 것 같습니다. 주류 주문은 필수로 해야 하고 내추럴 와인이 다양하게 준비되어 있답니다!

- 위치: 제주 제주시 구좌읍 김녕로1길
  75-1 1층
- 영업시간: 매일 17:00-22:00
  매주 화,수요일 휴무
- 가격: 감태면 21,000원
  흑돼지 33,000원

61

감성이 가득한 월정리 이탈리안 식당,
월정 '만월당'

식신 강블리님의 리뷰

월정리에 위치한 전복리조또 맛집이다. 옛 가옥을 개조하여 리모델링한 곳으로 소박하고 소소한 분위기의 식당이다. 싱싱한 전복 내장 소스에 전복살과 톳이 들어간 전복리조또, 직접 만든 비

noble_jejulia님의 인스타그램

스크 소스로 진한 풍미를 느낄 수 있는 황게비스크파스타, 국내
산 돌문어에 청양고추를 곁들인 매콤한 맛의 돌문어파스타 등의
메뉴를 판매 중이다. 애견 존이 따로 있어 애견 동반 식사가 가능
하다. 단 케이지 필수이며, 대형견은 제한된다. 주차장은 따로 없
으며 근처에 공영주차장이 있으니 참고할 것.

noble_jejulia님의 인스타그램

식신 강벌리

이곳 큰 기대없이 갔다가 완전 반해서 왔
어요. 리조또 별루 안좋아하는데 여기서 먹
은 전복리조또 정말 자꾸 생각나는 맛입니
다. 해산물토마토 파스타도 약간 매콤하니
좋더라구요~ 제주에서 제일 맛있게 먹은
집입니다!! 다음에 다시 가볼 생각입니다.

● 위치: 제주 제주시 구좌읍 월정1길 56
● 영업시간: 매일 11:00-20:00
　　　　　　(B.T 15:00-17:00)
● 가격: 전복리조또 19,500원
　　　　돈마호크스테이크 23,500원
　　　　딱새우로제파스타 18,500원

62

풍성한 제주의 맛을 한 곳에서,
안덕 '비오토피아 레스토랑'

ohstella5님의 인스타그램

'비오토피아 레스토랑'은 골프장, 온천, 생태 공원이 결합한 휴양형 주거 공간 '비오토피아' 내에 위치한 레스토랑으로 사전 예약 또는 워크인으로 방문할 수 있는 곳이다. 통유리창을 통해 제주 바다와 산방산, 한라산까지 조망이 가능하며, 넓은 천장과 모던한 인테리어로 꾸며진 공간은 모임 장소로 활용하기에도 적합하다. 대표 메뉴는 바삭한 새우튀김을 얹은 우동과 해산물 초회, 유부초밥이 함께 제공되는 '왕새우 튀김우동 정식'. 맑고 담백한 국물과 탄력 있는 우동 면발이 조화롭게 어우러진다. 이외에도 성게크림파스타, 흑돼지목살스테이크 등 해산물을 활용한 이탈리안 음식과 제주 토속 음식으로 차려낸 한정식 코스 요리 등 다양한 장르의 음식을 선보인다.

aaaaar__님의 인스타그램

skpinx_restaurant님의 인스타그램

식신 JiBongBong

가격 빼면 굿! 다녀온 지 꽤 되긴 했지만 맛만큼은 아직도 잊을 수 없을 정도로 괜찮았던 제주 비오토피아 레스토랑.

- 위치: 제주 서귀포시 안덕면 산록남로 762번길 79
- 영업시간: 매일 12:00-21:50
    (B.T 16:00-17:00)
    사전예약 필수
- 가격: 왕새우튀김우동set 28,000원
    마르게리따피자 39,000원
    통한치구이 명란 오일파스타 44,000원

63

로맨틱한 제주를 위한 파인 다이닝,
표선 '밀리우'

qeqwqer님의 인스타그램

'밀리우'는 제주 최초의 파인 다이닝 레스토랑으로 제철 식재
료를 프렌치 스타일로 풀어낸 특별한 메뉴를 선보인다. 자연 속
에 있는 듯한 신비로운 느낌을 주는 코쿤 형태의 개별 룸과 음식

이 만들어지는 과정을 살펴볼 수 있는 바 좌석이 구비되어 있다. 대표 코스는 셰프의 시그니처 메뉴로 구성된 'SIGNITURE(10코스)'. 아뮤즈부쉬로 제공되는 스페인산 이베리코 하몽을 시작으로 한우 카르파초와 트러플, 아티초크 수프, 지중해 새우, 전복, 랍스터를 재료로 하는 앙트레 5종, 샤프란을 곁들인 메인 생선과 한우 스테이크, 디저트가 차례로 준비된다. 계절에 따라 코스나 메뉴 구성이 달라질 수 있으니 방문 전 미리 확인하는 것이 좋다.

qeqwqer님의 인스타그램

qeqwqer님의 인스타그램

식신 Eunae

코쿤 형태의 프라이빗한 공간에서의 식사. 여자라면 누구나 좋아하지 않을 수 없는 요소들을 지닌 곳이었다. 식전 음식부터 셰프님의 퍼포먼스로 마무리 되었던 마지막 디저트까지 모두 하나하나 예술 작품 같은 색감과 플레이팅으로 눈을 행복하게 해주었다.

- 위치: 제주 서귀포시 표선면 민속해안로 537 호텔 1층
- 영업시간: 매일 18:00-22:00
- 가격: Je t'aime Couple Course (사전예약필수) 422,000원-660,000원 SIGNATURE(7코스) 250,000원 DEGUSTATION 160,000원

제주이색 음식점

64

흥겨운 남미 바이브가 가득한,
제주시 '라스또르따스'

bottle_b님의 인스타그램

멕시코에서 살다 온 셰프가 멕시코 현지의 타코 맛을 재현하는
음식점. 애월에서 운영하다 제주시로 이전했는데 인기가 많아 늘
웨이팅이 있다. 깔끔한 실내는 흥겨운 음악이 흐르는 남미 바이

브로 가득 채워져 있다. 이곳의 대표 메뉴인 '까르니따스'는 돼지고기와 양파, 고수를 넣은 베이직한 타코로 소스와 라임을 살짝 뿌려 즐기면 된다. 제주 달고기 생선튀김을 넣은 '뻬스까도'나 제주 한우 곱창으로 만드는 '뜨리빠'도 별미. 여기에 부드럽고 달콤한 맛의 멕시코 전통 쌀 음료인 '오르차따'를 곁들이면 휴가와도 같았던 식사가 비로소 완성된다.

식신 471949

제주 올 때마다 매번 먹게 되는 것 같아요. 웨이팅이 있지만 회전률도 빨라서 조금만 기다리면 됩니다. 타코랑 부리또 모두 맛있었어요. 주차가 좀 아쉽습니다. 골목에 눈치껏 주차해야 해요~

- 위치: 제주 제주시 광양11길 8-1
- 영업시간: 매일 11:00-15:00
  매주 월, 화요일 휴무
  (재료소진 시 마감)
- 가격: 까르니따스(2타코) 9,000원
  뻬스까또(2타코) 11,000원
  뜨리빠(2타코) 13,000원

181

65

제주에서 만나는 싱가포르,
애월 '호커센터'

'호커센터'는 싱가포르에서 약 10년 정도 거주한 사장님이 현지에서 먹었던 맛을 고스란히 재현한다. 현재는 100% 예약제로 운영하며 1테이블 기준 최대 영유아포함 5인으로 인원 제한을 두

고 있다. 최대 4명으로 인원 제한을 두고 있다. 대표 메뉴는 칠리소스와 토마토소스를 섞어 만든 동남아식 소스에 크랩을 넣고 자작하게 볶아내는 '칠리크랩'. 짭짤하면서도 달짝지근한 맛이 조화를 이루는 소스가 부드러운 게살 깊숙하게 스며들며 중독적인 맛을 자아낸다. 고슬고슬한 안남미에 마늘과 불 향을 입힌 '갈릭라이스'도 함께 주문하길 추천한다. 사장님이 게 등딱지에 갈릭라이스를 넣고 칠리소스를 듬뿍 올려 주는데 간장게장 못지않은 짙은 감칠맛을 경험할 수 있다.

___yunzae___님의 인스타그램

식신 짹짹2

아이돌 콘서트 못지않은 예약을 뚫고 다녀 왔는데 10000% 만족! 칠리 크랩은 소스 자체가 맛있어서 크랩을 먹어도 맛있고 시리얼 새우나 다른 요리에 올려 먹어도 좋은 만능 소스에요~ 게도 부드럽고 안에 살이 꽉 차 있어서 씹을 때마다 살이 한 움큼씩 나와요! 크랩, 라이스, 새우 등등 다양하게 시켜 먹어봤는데 싱가포르에서 먹은 것만큼 혹은 그 이상으로 맛있어서 다음에 제주도 가면 또 방문할 예정입니다!

- 위치: 제주 제주시 애월읍 애월로11길 25-2
- 영업시간: 매일 12:00-19:00
  매주 수요일 휴무(예약 추천)
- 가격: 칠리크랩 38,000원
  갈릭라이스 7,000원
  발리식폭립 28,000원

66

제주 식재료로 맛보는 지중해 요리,
서귀포 '자연스러운식당'

'자연스러운식당'은 아치형 창문, 타일 바닥, 식물 오브제들이
모여 지중해에 와있는 듯한 착각을 자아낸다. 대표 메뉴는 수블
라키, 해산물 요리, 튀김, 샐러드 등 다양한 유러피안 스타일의 요

리를 한 접시에 담아낸 '자연스러운 플래터'. 새우, 가리비, 소라, 전복 등 제주도의 제철 해산물과 흑돼지, 오리, 닭고기 꼬치가 테이블을 다채롭게 채운다. 각 재료가 지닌 맛을 최대한 끌어낼 수 있도록 각각 정성스레 조리하고 래스팅한다. 테이블에 세팅된 화로에 고기, 치즈, 야채를 올려 식사 내내 따뜻하게 먹을 수 있다. 담백한 피타브레드에 고기, 해산물 등의 재료를 싼 뒤 차지키 소스에 찍어 먹어도 좋다.

piano_is_님의 인스타그램

piano_is_님의 인스타그램

식신 알림문
약 10년 경력의 셰프님이 운영하시는 곳이에요~ 자연스러운 플래터는 사진을 안 찍을 수 없는 비주얼이에요~! 샐러드부터 제주의 육해공을 한 번에 즐길 수 있답니다~ 무엇보다도 해산물들이 싱싱해서 마음에 들었습니다~

● 위치: 제주 서귀포시 태평로92번길 8
● 영업시간: 화 17:30 - 21:30/
　　　　　　수~일 11:00 - 21:30
　　　　　　(B.T 16:00-18:00)/
　　　　　　매주 월요일 휴무
● 가격: 한라봉과 유채꽃 꿀을 가미한
　　　　그릭문어샐러드 13,000원
　　　　제주 수블라키 와 차지키16,000-19,000원
　　　　제주 보말 라이스18,000원

67

채소로 건강한 맛과 멋을 낸,
조천 '무거버거'

mingzii_171님의 인스타그램

　푸르게 펼쳐진 함덕 바다를 바라보며 여유로운 식사를 즐기기
좋은 '무거버거'. '자연과 가까운 버거를 만든다'는 경영 철학을
바탕으로 유기농 밀가루와 채소를 이용한 번을 만든다. 대표 메뉴

'당근버거'는 당근으로 주황빛을 낸 번 안에 당근 소스, 청상추, 양파, 토마토, 소고기 패티, 치즈, 당근 튀김을 차곡차곡 쌓아 만든 요리. 담백하면서도 감칠맛이 도는 소스가 갖은 재료를 아우르며 입안 가득 풍성한 식감과 맛의 향연이 펼쳐진다. 이외에도 마늘의 향긋함이 스며든 '마늘 버거', 시금치의 싱그러운 맛을 담아낸 '시금치 버거' 등 이색적인 메뉴를 만나볼 수 있다.

mingzii_171님의 인스타그램

식신 FKSDUDDL

번 자체도 채소를 이용해서 색을 냈다고 해서 신기했어요. 평상시에 당근을 안 좋아하는데 당근 버거는 당근의 부담스러운 맛이 나지 않고 맛있는 버거 맛! 특히 당근 튀김이 바삭바삭하고 고소한 맛이 묘하게 중독적이라 자꾸 생각나는 맛이에요. 버거에 들어가는 패티는 싱글, 더블 중에 선택할 수 있는데 저는 싱글로 먹었는데도 충분히 양이 넉넉했어요.

● 위치: 제주 제주시 조천읍 조함해안로 356
● 영업시간: 매일 10:00-20:00
● 가격: 당근버거 11,500원/ 시금치버거 11,500원/ 마늘버거 11,500원

68

촉촉한 육즙을 살려낸 안심 돈가스,
제주시 '쿠쿠아림'

jeju___i님의 인스타그램

'쿠쿠아림'은 르코르동블루를 수료하고 호주, 프랑스 등의 국가에서 다양한 경력을 쌓은 셰프가 운영하는 곳이다. 차분한 느낌을 주는 블랙톤의 인테리어와 매장 벽면을 빼곡하게 채우고 있

는 와인병이 고급스러운 분위기를 물씬 자아낸다. 대표 메뉴는 두 툼한 제주산 돼지고기 안심을 자르지 않고 통으로 익혀 내는 '쿠쿠 아림돈까스'. 안심을 미디엄 웰던으로 익혀 촉촉한 육즙을 잡아냄 과 동시에 부드러운 식감을 최대화한 점이 특징이다. 소스는 새콤 한 감칠맛이 살아있는 데미그라스 소스와 고소한 크림소스 중 선 택할 수 있다. 커피, 티, 주스 등의 음료와 디저트 메뉴도 판매하고 있어 식사 후 티타임을 즐기기 좋다.

식신 분홍토끼저금통

돈가스가 맛있다고 해서 먹었는데 지금까지 먹어 본 안심 돈가스 중 가장 살살 녹았던 것 같요. 플레이팅 자체도 이쁘고 튀김옷이 두껍지 않아서 느끼 하지도 않아 한 조각도 남기지 않고 다 먹었어요!

- 위치: 제주 제주시 아란4길 93 1층
- 영업시간: 매일 11:00-21:00
  (B.T 16:30-17:30)
- 가격: 쿠쿠아림 돈까스 15,000원
  쿠쿠아림 크림돈까스 15,000원
  트러플 버섯 크림 파스타 19,000원

색다른 재료로
느끼는 미식의 향연

9
장

스시
오마
카세

69

색다른 재료의 조합으로 완성한 창작 스시,
애월 '이노찌'

mak_onni님의 인스타그램

청담 '이노찌'의 김제성 셰프가 제주도에 새롭게 오픈하여 오마카세를 펼친다. 우엉, 미나리, 깻잎 등 색다른 재료들을 사용한 창작 스시를 선보인다. 대표 메뉴는 사시미, 12가지의 스시, 생선구

mak_onni님의 인스타그램

mak_onni님의 인스타그램

이, 후식으로 다채롭게 꾸린 '런치 오마카세'. 샤리 위 새우와 우엉을 얹은 뒤 백 다시마로 감싸 유제 제스트를 뿌린 스시와 샤리 위로 전복, 미나리, 우메보시, 백 다시마를 차곡차곡 쌓은 뒤 간 무로 마무리한 스시 등 다른 곳에서는 보기 힘든 조합의 개성 넘치는 스시들을 맛볼 수 있다. 특히 생선 없이 부추, 우메보시, 깻잎으로만 이루어진 스시는 깔끔한 맛 덕에 개운하게 마무리하기 좋다.

mak_onni님의 인스타그램

식신 헬라루찌

이노찌만의 독특한 스시가 있어서 더 특별했던 기억으로 남아요. 전복에 미나리와 백 다시마가 들어간 스시는 전복의 쫄깃함과 미나리의 쌉싸름한 향이 입 안을 계속 맴돌아 가장 맛있었습니다~! 멜론이 후식으로 나와 상큼하게 마무리하기도 좋았어요. 평범한 스시에 질렸다면 신선한 해산물과 채소가 만난 이노찌의 창작 스시 추천할게요!

- 위치: 제주 제주시 애월읍 장전로 16
- 영업시간: 매일 11:30-21:30
  (B.T 14:30-17:30)
  매주 월,일요일 휴무
- 가격: 런치오마카세 130,000원
  디너오마카세 200,000원

70

제주산 식재료를 활용한 제주만의 스시,
애월 '제주이와이'

_haife님의 인스타그램

제주의 로컬 식재료로 만드는 오마카세. 지금까지의 오마카세
를 모두 잊게 만들어줄 제대로 된 실력을 선보이는 곳이다. 스시
효 출신의 임덕현 셰프가 혼자 운영하는 매장으로 일본에서 연수

_haife님의 인스타그램

_haife님의 인스타그램

를 마치고 돌아와 제주산 식재료를 활용한 제주만의 스시를 만들 겠다는 일념으로 오픈했다. 능성어, 다금바리, 금태 등의 질 좋은 제주산 수산물에 셰프의 내공과 창의성이 더해져 다채로운 요리 가 펼쳐진다. 1부는 오후 다섯 시 2부는 오후 일곱 시 반에 시작 되며 별도의 예약금 없이 사전 예약제로 운영 중이다. 건물 왼편 에 주차 공간이 마련되어 있다.

_haife님의 인스타그램

식신 Nivel

신선한 횟감, 담김 새부터
느껴지는 정갈함. 아직도
그 여운을 잊을 수가 없습니다.
제주 올 때마다 올 것
같네요.

- 위치: 제주 제주시 애월읍 하귀로 4
- 영업시간: 수,금,토,일 17:00-21:30
  화,목 19:00-21:30
  1부 17:00 / 2부 19:20
  매주 월요일 휴무
- 가격: 오마카세 170,000원

71

서귀포의 소규모 스시 오마카세,
서귀포 '하찌'

eumdungg님의 인스타그램

2018년에 오픈한 오마카세 전문점이다. 롯데호텔에서 오랜 시간 몸담았던 전석창 셰프가 운영하는 곳으로 매일 새벽 엄격하게 선별한 신선한 해산물을 이용하여 제주의 제철 생선요리를 선

eumdungg님의 인스타그램

eumdungg님의 인스타그램

보이고 있다. 광어, 삼치, 참치 도로, 방어 도로, 광어지리, 갈치구이, 성게알 덮밥, 미소시루, 금태 초밥 등의 20여 가지 메뉴를 즐길 수 있다. 8석으로 구성된 소박하지만 깔끔한 분위기의 스시집으로 예약제로만 운영하고 있으니 예약 후 방문할 것.

0sbae님의 인스타그램

> 식신 530421
> 제주 자연산 재료로 구성하는 오마카세~ 편안한 분위기! 멋진 뷰! 코스 양도 꽤 많았는데 속이 편안한 식사였어요. 제주 오면 또 오고 싶은 곳!

- 위치: 제주 서귀포시 호근남로 180
- 영업시간: 매일 12:00-21:00
- 가격: 오마카세 150,000원

197

72

제주도에서만 맛볼 수 있는 이색초밥집,
제주 '스시호시카이'

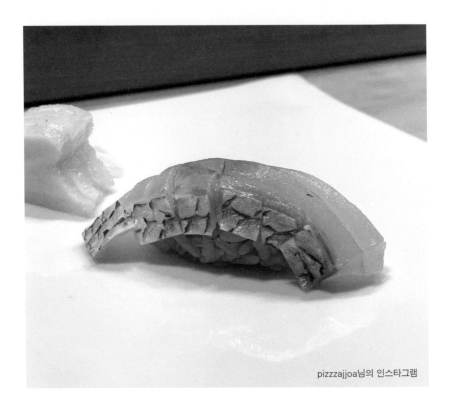

pizzzajjoa님의 인스타그램

　'제주의 별과 바다를 품은 꿈의 스시'라는 뜻을 가진 스시 오마
카세. 우드톤의 조용하면서도 깔끔한 분위기로 프라이빗하게 식
사하기 좋다. 제주의 풍부한 해산물과 청정 식재료가 최고의 조

리기술과 만나 기존의 어종을 사용하는 정통스시는 물론 제주에서만 맛볼 수 있는 어종을 이용한 옥돔스시, 금태스시, 백조기스시, 갈치스시, 생고등어스시 등 다양하고 특별한 구성으로 제공하고 있다. 샤리 또한 안성현 조리장이 엄선한 해남쌀과 '아카스'의 조합으로 밸런스가 뛰어나 입안에서 밥알 하나하나가 네타와 환상적인 조합을 이룬다. 예약제로 운영중이며 가게 옆쪽에4.5대 정도 주차할 수 있는 공간이 있으니 참고할 것.

pizzzajjoa님의 인스타그램

pizzzajjoa님의 인스타그램

- 위치: 제주 제주시 오남로 90 1층
- 영업시간: 매일 12:00-21:00
    (B.T 15:00-18:00)
- 가격: 점심 제주스시오마카세 120,000원
    저녁 제주스시오마카세A 190,000원
    저녁 제주스시오마카세B 230,000원

식신 김치치즈탕슉

신라호텔에서 근무한 경력을 살린 고급스시 집. 수 많은 해산물이 가득한 제주도의 향을 담은 초밥 맛은 주방장의 손 맛에서 가지런히 담겨져나오는데… 말로 표현할 수가없다… 그저 최고 였다…

73

박현록 오너셰프의 특별한 스시,
제주 '스시코쿠라'

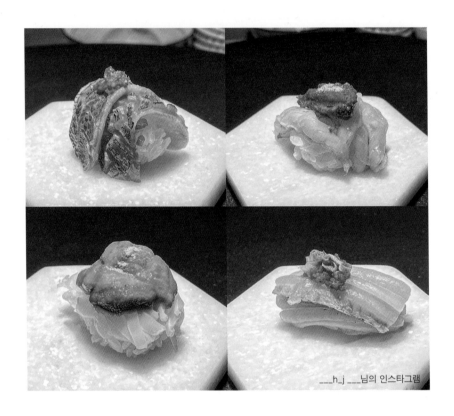

___h_j___님의 인스타그램

　　제주 오라일동에 위치한 창작스시 오마카세이다. 일본 및 서
울에 있는 다수의 스시집에서 오랜 기간 수련한 박현록 오너셰
프의 스시 오마카세로, 스시코쿠라만의 특별한 창작스시를 선보

___h_j___님의 인스타그램

___h_j___님의 인스타그램

인다. 샤리의 양이나 네타의 형태를 변형하여 기존의 스시야와는 차별화된 창의성을 보여주는 곳으로 코쿠라만의 소스와 각기 다른 식재료의 식감도 다양하다. 성대, 참치 뱃살, 참돔, 우니, 갑오징어, 관자, 타마고, 갈치스시, 금태 스시 등의 당일 공수한 제주의 수산물로 만들어 신선한 스시를 제공하고 있다. 예약제로 운영 중이니 참고할 것.

___h_j___님의 인스타그램

식신 루루^^

친절하시고 편안한 접객으로 행복한 식사가 가능하게 하는 곳. 니기리가 특이하고 독창적인 느낌이라 신선하게 먹었습니다.

- 위치: 제주 제주시 오남로6길 19 B동 1층
- 영업시간: 매일 11:30-21:30
  (B.T 14:30-18:30)
- 가격: 런치오마카세 100,000원
  디너오마카세 180,000원

74

일본인 쉐프들이 이끄는 오사카 현지의 맛,
노형 '쿠로스기 코하쿠'

daljoo님의 인스타그램

신제주에 위치한 스시 오마카세로 일본인 쉐프들이 운영 중이

다. 제주의 신선한 제철 식재료를 이용하고 일본 현지의 분위기와

제주도의 특색을 함께 살려 다채로운 스시를 선보이는 곳이다. 옥

돔, 전갱이, 금태, 사시미 등의 20여 가지의 요리를 코스로 선보이고 있다. 깔끔하고 정갈한 분위기로 특별한 날 방문하기 좋다. 예약 후 방문해야 하며 전용 주차장을 보유하고 있으니 참고할 것.

daljoo님의 인스타그램

daljoo님의 인스타그램

식신 피맥너는러브

일본인 쉐프가 만드는 현지 정통의 맛에.. 제주의 신선한 식재료가 더해져 특색있는 오마카세를 맛볼 수 있습니다. 쉐프님도 아주 친절하세요~

- 위치: 제주 제주시 은수길 108 1층
- 영업시간: 1부17:30 - 20:00
          2부 20:30 - 23:00
          월요일 휴무
- 가격: 런치오마카세 75,000원
        디너오마카세 250,000원

바다풍경과 함께
제주의 멋을 그리다

10
장
—

카페
베이
커리

—

75

전 세계 단 한곳뿐인 뷰와 분위기,
안덕 '원앤온리'

ppolroki님의 인스타그램

　앞으로는 제주에서 가장 길고 고요한 황우치해변이 보이고 뒤
로는 산방산을 지붕 삼고 있는 카페. 오픈 직후부터 현재까지 이
풍경에 반한 손님들로 문전성시를 이룬다. 넓은 규모의 실내 또한

ppolroki님의 인스타그램

ppolroki님의 인스타그램

카페라기보다는 갤러리 같은 느낌을 자아낸다. 시그니처 브런치
인 '원앤온리'는 통 베이컨과 표고버섯을 곁들인 크림소스에 치
아바타 빵과 수란을 곁들인 이곳만의 특색있는 요리이며 커피와
브런치, 칵테일, 티 등을 함께 곁들일 수 있다. 산방산 모양을 닮
은 '산방산 케이크'도 커피와 함께 즐기기 좋다.

o_deulle님의 인스타그램

식신 갈릭바게트

아마 제주에서 가장 유명한 카페가
아닐까.. 주차장에서부터 뷰가 남달라
요. 인스타로 사진만 봤을 때보다 실
제로 보니까 산방산의 거대함에 뭔가
압도된달까. 가격은 좀 사악하지만 뷰
값을 합니다~!

● 위치: 제주 서귀포시 안덕면 산방로 141
● 영업시간: 매일 09:00-20:00
● 가격: 산방산 케이크 12,000원
　　　　원앤온리 브런치 18,000원
　　　　아보카도 샌드위치 16,000원

76

갤러리 같은 복합문화공간 카페,
구좌 '공백'

_suviin님의 인스타그램

제주 구좌에 위치한 갤러리카페이다. 외부는 폐건물의 분위기를
감각적으로 살려 독특한 분위기를 풍기며, 내부는 조형물이 제주
의 느낌을 인상적으로 담아냈다. 바로 앞의 제주바다뷰를 제대로

느낄수 있는 카페로 내부 규모가 크고 여유롭다. 카페 앞 바다를 즐길수 있는 야외테이블도 마련되어 있다. 제주 수제 보리개역 크림&커피인 공백커피와 제주 수제 보리개역 크림&연유&우유&커피인 공백돌코롬커피, 패션후르츠, 레몬&블루큐라소&탄산수가 들어간 공백바다, 제주의 특산물인 한라봉을 활용한 공백한라봉이 공백의 시그니처메뉴이다. 카페동으로 방문한 뒤 동선에 따라 이동하며 전시동 관람이 가능하니 참고하면 좋다.

__suviin님의 인스타그램

__suviin님의 인스타그램

식신 533217

방탄소년단 카페 공백 다녀왔어요. 방탄소년단 슈가의 친 형이 직접 운영한다고 해서 외국사람들도 엄청 많이 찾아 오는 곳입니다. 카페 건물이 너무 예쁘고 사진찍기 좋아서 시간가는 줄 모르고 즐겁게 놀다 왔습니다. 공간이 좋은 카페 추천합니다.

- 위치: 제주 제주시 구좌읍 동복로 83
- 영업시간: 월-금요일 11:30-18:00
  토,일요일 11:30-19:00
- 가격: 공백선셋 9,000원
  공백 커피 8,500원
  아메리카노 8,000원

k._sound님의 인스타그램

'마노르블랑'은 계절에 따라 유채꽃, 수국, 핑크뮬리, 동백꽃으로 물든 정원을 만나볼 수 있다. 겨울 시즌에는 붉은색으로 수를 놓은 듯한 동백꽃 정원이 펼쳐진다. 매장 내부엔 사장님이 직접

수집한 찻잔 세트들이 전시되어 있어 고풍스러운 느낌을 준다. 대표 메뉴 '3단 트레이 티 세트'는 크루아상 샌드위치, 케이크, 스콘, 쿠키, 과일 등의 디저트와 차를 함께 맛볼 수 있다. 티 세트는 최소 하루 전 예약해야 하며 주문 시 취향에 맞는 티팟 세트를 선택할 수 있다. 카페 이용 후에는 짐을 정리한 후 야외 정원에 마련된 다양한 산책로와 포토존을 즐기면 된다.

식신 승승남매

고급스러운 찻잔과 분위기 있는 음악 완전히 대접받는 분위기~~ 탁트이고 넓은 정원 하나하나 잊을 수 없는 추억 남기고 왔어요. ^^ 완전 강추입니다.

- 위치: 제주 서귀포시 안덕면 일주서로 2100번길 46 1층
- 영업시간: 매일 09:00-19:00
- 가격: 아메리카노(hot/ice) 8,000원
  카페라떼(hot) 8,500원
  입장료 성인 4,000원
  (음료 주문시 차감)

78

푸릇한 정원이 아름다운 카페,
서귀포 '베케'

jhjh14님의 인스타그램

제주 곶자왈과 숲이 있는 카페로 초록초록한 정원이 커다란 통
유리을 통해 한눈에 내다보여 마음을 힐링 시켜줄 수 있는 카페
이다. 야외에도 테이블과 벤치가 있으니 날씨가 좋을 때는 야외

에서 푸릇한 식물들을 바라보며 마음을 정화하기에도 좋다. 돌담을 연상시키는 쿠키와 말차를 올린 아인슈페너 돌담슈페너, 에스프레소, 우유, 흑임자크림이 올라간 고소한 흑임자라떼, 녹차라떼 음료에 크림과 콩가루가 올라간 차콩크림라떼가 베케의 시그니처음료이다. 그 외에도 베케의 봄을 알려주는 자목련이 생각나는 목련꽃, 민트가 들어간 베케브리즈, 정원 중심에 있는 그라스를 생각하며 블렌딩한 메리골드, 레몬글라스가 들어간 메리그라스등의 다양한 메뉴가 판매중이다.

식신 533225

맛있네요. 베케는 밭에서 나온 돌을 쌓아 놓은 돌무더기라는 뜻이라네요. 제주 스러운 정원과 풀들을 볼 수 있고 큰 창문으로 정원을 볼 수 있어서 좋았어요.

- 위치: 제주 서귀포시 효돈로 54
- 영업시간: 매일 10:00-18:00
  매주 화요일 휴무
- 가격: 아메리카노 6,000원
  카페라떼 6,500원
  차콩크림라떼 8,500원

79

깔끔하고 세련된 분위기의 카페,
구좌 '블루보틀 제주 카페'

3.1_41592님의 인스타그램

서울에서부터 인기가 좋아 2021년 제주에 오픈한 카페이다. 포토스팟으로 유명한 비밀의숲, 송당무끈모루 가는길에 들리기 좋은 코스로 명성에 맞게 주말에는 사람들로 늘 붐비는 카페이다.

천장이 높아서 개방감이 있고 넓은 공간에 돌담과 나무뷰까지 더해져 제주의 분위기가 물씬 풍기는 카페이다. 블루보틀의 시그니처메뉴인 뉴올리언즈 커피위에 유기농 아이스크림을 얹은 놀라플로트, 제주블루보틀에서만 맛볼 수 있는 우무푸딩은 블루보틀의 시그니처 메뉴이다. 주차공간은 상당히 넉넉한편이나 내부의 테이블은 많지 않으니 참고하기 바란다.

3.1_41592님의 인스타그램

3.1_41592님의 인스타그램

식신 달콩이
블루보틀 커피 맛을 좋아한다면 추천할 만한 곳! 커피의 맛에 제주의 고즈넉한 분위기까지 더해져 기억에 남는 장소가 된다.

- 위치: 제주 제주시 구좌읍 번영로 2133-30
- 영업시간: 매일 08:30-19:00
- 가격: 에스프레소 5,000원
  아메리카노(hot/ice) 5,600원
  놀라플로트 8,000원

80

한 모금에 어우러진 다양한 맛,
제주시 '그러므로 Part2'

bril_log 님의 인스타그램

푸릇푸릇한 잔디와 길게 이어진 돌담길이 반겨주는 '그러므로
Part2'. 여유로움이 느껴지는 매장 안에는 테이블 간격이 넓게 배
치되어 있어 편안한 시간을 보내기 좋다. 대표 메뉴 '메리 하하'는

차가운 우유와 뜨거운 에스프레소가 어우러져 차갑지도 뜨겁지도 않은 온도가 특징이다. 커피 잔 밑에 사탕수수 시럽이 깔려 있어, 일반 커피처럼 조금씩 끊어 먹는 것보다 길게 쭉 들이켜 마시는 방법을 추천한다. 쌉싸름한 에스프레소의 맛을 지나 달달하면서도 부드럽게 퍼지는 우유의 맛을 동시에 느낄 수 있다. 메리 하하를 제외한 시그니처 음료류는 시즌마다 메뉴가 변경되니 참고할 것.

michiko717_lover 님의 인스타그램

michiko717_lover 님의 인스타그램

식신 미친 각선미

친구들이랑 제주도 여행 가서 다녀 왔던 곳! 분위기도 깔끔하게 잘 꾸며져 있어서 인생 샷 찍기에도 좋아요. 친구들도 다 마음에 들어 해서 다음에 여행 오면 또 오고 싶네요!

- 위치: 제주 제주시 수목원길 16-14
- 영업시간: 매일 10:00-21:00
  매주 월요일 휴무
- 가격: 메리하하 6,500원
  레몬차 6,500원
  생강차 6,500원

81
눈과 입을 사로잡은 음료,
서귀포 '아뜰리에안'

sy.moon_phd님의 인스타그램

　　각각 다른 컨셉으로 꾸며진 3개의 건물로 이루어진 '아뜰리에
안'. 커피와 음료류를 포함하여 프리미엄 티까지 다양한 메뉴를
선보이는 곳이다. 대표 메뉴는 아이스 녹차 라떼에 청포도를 곁

들인 '에메랄드 봉봉'. 쌉싸름한 녹차 라떼가 입안을 진득하게 감싸고 청포도 알갱이가 톡톡 씹는 재미를 더한다. 비타민 차의 붉은 색감이 탄산수 위로 그라데이션처럼 퍼지는 '카멜리아 봉봉'도 인기 메뉴. 한 입만으로도 새콤함이 가득 느껴지는 비타민 차는 에이드 특유의 청량감을 한층 살려준다. 서울 연희동에서 2호점을 운영하고 있으니 참고할 것.

식신 잘생기면다오빠

고르고 골라서 온 곳인데 마음에 쏙 들더라구요! 야외도 넘나 예뻐요! 바람만 세지 않았으면 야외에 앉아 마셔도 좋았을 것 같은데 아쉽더라구요ㅠ

- 위치: 제주 서귀포시 막숙포로 166
- 영업시간: 매일 10:00-22:00
- 가격: 제주애플망고빙수(2인) 39,000원
  아뜰브런치 15,000원
  장모님 보르쉬 10,000원

82

푸른 애월 바다 풍경과 함께 즐기는 티타임,
애월 '짐바란비치'

zoxdno_o님의 인스타그램

베이글의 명장 하지온 베이커리장이 이끄는 카페. 천연발효종
과 이즈니버터를 사용해 당일 생산 당일 판매하는 다양한 베이
글이 있다. 쪽파, 잠봉뵈르, 쑥오메기, 참깨 등의 다양한 맛이 고

르는 재미를 주는 곳. 발리를 모티브로 한 공간에 앉아 맛있는 커피와 함께 휴양지에 온 듯한 휴식 시간을 가져보시길.

luvholymoly님의 인스타그램

jjomiii님의 인스타그램

식신 삼박자 쉬고

맘에 들었음. 애월 바닷가에 위치하고 있어서 오션 뷰가 정말 좋은 바다 전망 카페로 사람들이 정말 많이 찾는 곳이다. 이곳에 있으면 제주의 느낌과 소리를 그대로 들을 수 있어서 너무 좋다. 바다 전망에 탁 트인 공간은 우리의 찌든 도시의 삶을 잊게 한다.

- 위치: 제주 제주시 애월읍 애월북서길 56
- 영업시간: 매일 09:00-21:00
- 가격: 아메리카노 7,000원
  카페라떼 8,000원
  카푸치노 8,000원

83

추억이 몽글몽글 떠오르는,
한림 '명월국민학교'

사진 스폿으로도 유명한 곳으로 볼거리와 먹거리가 모두 가득
하다. 폐교를 개조해 만든 카페로 커피와 베이커리 외에도 추억
을 느끼게 하는 학교 앞 군것질과 분식류를 판매하고 있다. 잔디

가 깔린 넓은 운동장이 있어 아이와 함께 방문하는 고객이 많으며 어린이 고객을 위한 메뉴도 다양하게 준비되어 있는 키즈 친화적 공간이라 가족 단위로 방문하기 좋다. 곳곳에 다양한 사진 촬영 장소가 마련되어 있고 명월 국민학교만의 특별한 기념품도 판매하고 있어 추억을 남기기에도 알맞다. 멀리 바다가 보이는 낭만적인 전망까지 함께해 학교 곳곳을 누비며 구경하는 재미까지 다양하게 느낄 수 있는 곳이다.

식신 에브리데이빵순이

학교 다닐 때 추억이 몽글몽글 떠오르는 곳입니다. 폐교를 카페로 만든 곳인데 안으로 들어가면 카페, 소품 샵, 갤러리 등등 구경할 거리가 많이 있습니다. 떡볶이, 피카츄 돈가스, 어묵 등 분식도 팔고 있어서 예전에 학교 끝나고 분식 집에 갔던 추억을 느낄 수 있었습니다. 단순히 카페가 아니라 어린 시절의 기억들을 꺼내 주는 곳 같습니다~! 연인과 와도 좋지만, 부모님과 오시는 것도 추천드립니다. 부모님들이 더 좋아하실 것 같네요~!

doni_planet님의 인스타그램

- 위치: 제제주 제주시 한림읍 명월로 48
- 영업시간: 매일 11:00-19:00
- 가격: 명월차(따듯한) 6,500원
  티라미슈라떼 6,500원
  모카라떼 6,500원

84

오픈런 부르는 소금빵 맛집,
제주시 '빵근'

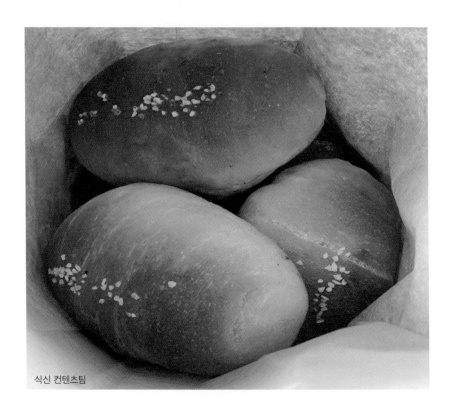

식신 컨텐츠팀

구남동에 위치한 작은 빵집. 매일 직접 빵을 굽고 내놓는 주인

장의 손맛이 범상치 않아 많은 이들이 이곳을 인생빵집으로 꼽기

도 한다. 가장 인기 있는 빵은 '시오빵'이라고 부르는 소금빵. 겉

은 파삭하고 속은 보들보들하면서도 쫀쫀한 식감의 맛있는 빵이다. 빵에는 레스큐어 버터를 사용해 담백하면서도 고소한 풍미와 부드러운 식감이 일품이다. 일반 시오빵 이외에도 바질, 명란, 모카 등 다른 맛을 더한 시오빵들도 매력이 있다. 단, 발효종의 비율이 높아 당일이나 다음날까지 먹어야하는 점은 참고해야 한다. 이외에도 베이글, 잠봉뵈르, 크루아상, 깜빠뉴, 프레첼 등 다양한 빵들이 '빵지순례'객들의 가슴을 설레게 만든다.

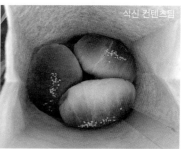

식신 컨텐츠팀

식신 533421

앙버터 맛있고 올리브 들어간 빵도 맛있어요. 견과류 봉? 그것도요! 자극적이지 않은데 계속 들어가는 맛이 있어요.

- 위치: 제주 제주시 구남동6길 45-1
- 영업시간: 매일 10:30-19:00,
   매주 일요일 휴무
- 가격: 시오빵 2,300원
   베이글 2,900원
   프레첼 3,200원

제주스런 독특함을
담아낸 바삭함

11
장
—

통닭

二

85

제주 인심 물씬! 푸짐한 통닭 한 상,
성산 '문화통닭'

a.road_님의 인스타그램

    40년째 영업 중인 '문화통닭'은 제주 도민뿐만 아니라 관광객
들에게도 사랑받는 통닭집이다. 준비되는 모든 메뉴는 매일 아침
공수한 신선한 생 닭을 직접 손질한 후 주문과 동시에 깨끗한 기

름에 튀겨낸다. 닭 한 마리를 통째로튀기는 '통마리 마늘 통닭'이 대표 메뉴. 완성된 통닭은 사장님께서 직접 살을 발라낸 후 다진 마늘을 듬뿍 얹어 낸다. 알싸하면서도 달큰한 마늘 특유의 맛이 통닭의 기름진 향과 맛을 잡아내 깔끔한 뒷맛이 매력적이다. 조밥과 배추김치가 함께 제공되어 치킨과 밥을 함께 먹는 치밥 형식으로도 즐길 수 있다. 매장 테이블은 한 시간 전에 예약해야 하며, 방문 포장이 가능하다.

a.road_님의 인스타그램

jh__0801님의 인스타그램

식신 이대창

미리 전화하고 픽업했습니다.
후라이드에 생마늘을 넣어 주시네요.
향이 통닭 냄새를 컨트롤하네요.
돌아오는 길에 박스 열어 눅눅하지
않게 맛나게 먹었습니다.
까다로운 아내가 엄지~~
척하네요.

• 위치: 제주 서귀포시 성산읍 고성오조로 81
• 영업시간: 매일 15:00-22:30
          테이블이용시간 18:00-21:00
          (1시간전 예약 필수)
• 가격: 마늘후라이드 19,000원
        양념 20,000원
        마늘통마리 20,000원

86

마늘향이 나는 바삭한 치킨 맛집,
서귀포 '중앙통닭'

foodmory님의 인스타그램

서귀포 올레시장에 위치한 치킨집이다. 마늘후라이드 단일메
뉴만 판매하는 곳으로 마늘을 주재료로 한 양념을 생닭에 절여
24시간이상 숙성하고 튀겨내므로 치킨의 속살까지 양념간이 잘

베어져 치킨의 육질이 부드럽고 깊은 풍미의 맛을 느낄 수 있다. 바삭함도 또한 일품이라 많은 이들에게 사랑받는 곳이다. 현장주 문시 대기할수 있으므로 전화예약 후 방문을 추천하며 주차는 올 레시장 공영주차장을 이용할 수 있다.

ramique님의 인스타그램

foodmory님의 인스타그램

식신 87893

사실 먹으러 갈 때만 해도.. 내가 왜.. 제주도에서 통닭을? 했는데 ㅋㅋㅋ 먹고 바로 생각 바뀜. 튀김옷이 바삭한 크리스피는 아닌데.. 눅눅하지도 않고 적당한 바삭함이랄까. 시장 통닭이라 그런지 양이 많고! 개인적으로 뻑뻑한 살을 좋아하는데 이렇게 부드러운 뻑뻑살은 처음ㅋㅋㅋ짱짱맨

● 위치: 제주 서귀포시 중앙로48번길 14-1
● 영업시간: 매일 07:00-21:00
　　　　　　(B.T 16:00-17:30)
　　　　　　매주 일요일 휴무
● 가격: 마농(마늘)후라이드 치킨 20,000원

87

추억 소환하는 옛날 닭튀김,
성산 '어머니닭집'

won_eeeii님의 인스타그램

역사와 전통이 있는 옛날통닭 맛집으로 포장을 전문으로하는 치킨집이다. 외관에서부터 노포치킨집임이 느껴지는 곳이다. 국내산 신선한 닭고기만을 사용하고 있으며 후라이드치킨에서는

은은하게 카레가루의 향이 느껴진다. 양념치킨은 살짝 매콤하면서도 달짝지근한 맛의 양념이 버물어져 추억이 생각나게 하는 맛이다. 그 외에도 치킨반반, 육계백숙 등의 메뉴도 판매 중이다. 웨이팅 할 만한 공간이 충분하지 않은 편이니 전화로 주문 후 방문하길 추천하며 가게 앞 주차공간이 있으니 참고할 것.

식신 달콤살벌한연애

성산에서 문화통닭과 함께 쌍벽을 이루는 치킨 맛집입니다. 두 집이 비슷하면서도 느낌이 달라요. 후라이드 치킨 정말 먹을만합니다. 갈만했어요.

- 위치: 제주 서귀포시 성산읍 고성오조로 13
- 영업시간: 매일 10:00-21:00
  매주 월요일 휴무
- 가격: 후라이드치킨 16,000원
  양념치킨 18,000원
  반반치킨 18,000원

88

귤을 얹은 이색 치킨 맛집,
중문 '제주스럽닭'

jejusluv.dak님의 인스타그램

　바삭한 튀김 맛이 일품인 제주 치킨 맛집이다. 제주만의 특색
을 살린 감귤 치킨, 마농 치킨, 땅콩 치킨, 까망 치킨 등 특별한 메
뉴가 있어 제주를 관광하는 고객에게 인기인 곳. 제주에서만 만

blingtasha님의 인스타그램

jejusluv.dak님의 인스타그램

날 수 있는 맛을 오래 연구한 노력이 느껴지는 곳이다. 세트메뉴로 주문 시 여러 가지 맛을 한 번에 맛볼 수 있어서 합리적이다. 양도 꽤 많은 편이라 온 가족이 함께 즐기기에 적당하다. 포장의 경우 배달 앱으로 미리 주문하고 시간에 맞춰 찾으러 가면 편리하다. 주차는 근처 공영주차장을 이용해야 한다.

mongmongkim 님의 인스타그램

mongmongkim 님의 인스타그램

- 위치: 제주 서귀포시 천제연로178번길 14-2
- 영업시간: 매일 15:00 - 01:00
- 가격: 제주까망치킨 13,000원
  댕귤치킨 24,000원
  댕귤반 핫댕귤반 25,000원

식신 BooBooBoo

댕귤치킨 육지에서는 못먹어본 맛이에요. 중문에서 야식으로 그만입니다. 만족스러울만한 것 같아요.

89

숙성부터 토핑까지 마늘이 다했다,
서귀포 '마농치킨'

stewart_ho님의 인스타그램

올레시장에 위치한 제주도에서 인기 있는 치킨집으로 여러 분점을 두고 있다. 마늘맛이 매우 강한데 그래서 더 맛있는 치킨으로 유명하다. 비주얼은 평범하지만 한입 베어 물면 부드러운 닭과 얇은 튀김옷이 눅눅하지 않고 바삭하게 어우러져 색다른 맛을 낸다. 양도 푸짐해서 든든하다. 포장해서 먹는 사람도 많지만 이왕이면 매장에서 따끈할 때 바로 먹는 걸 추천한다. 주방 환경 또한 깔끔하고 시스템이 잘 갖춰져 있어 서귀포에 방문하면 꼭 들러야 하는 집.

bestgrace_1011님의 인스타그램

식신 애엄지

촉촉하고 마늘을 듬뿍 넣어
닭의 비린 맛을 꽉 잡았다.
ㅋㅋ 맛있었던 편이에요.

- 위치: 제주 서귀포시 중앙로62번길 13
  싱싱회센타
- 영업시간: 매일 10:00-20:30
  매주 수요일 휴무
- 가격: 마농(마늘)후라이드 치킨 20,000원

제주 바닷속을
즐기는 풍요로운 성찬

12장 —

해녀의 집

90

제주바닷속에서 즐기는 코스요리,
조천 '해녀의부엌 북촌'

북촌 foodiecola님의 인스타그램

미디어아트와 함께하는 코스요리로 전시와 미식을 결합한 공
간이다. 입장부터 전시를 통해 해녀의 이야기를 간접적으로 체험
하고 도슨트의 안내에 따라 식사를 즐긴다. 기물 하나까지 전부

북촌 foodiecola님의 인스타그램

북촌 foodiecola님의 인스타그램

해녀와 관련이 있는 공간으로 총 14석의 좌석이 둥글게 배치되어 있다. 웰컴 티로 시작해 제주산 재료를 이용한 다양한 요리를 맛볼 수 있으며 메인메뉴가 나오기 전에는 스토리텔링이 곁들여진 도슨트의 설명이 시작된다. 미디어 아트를 통해 해녀의 삶을 간접적으로 체험하고 오감으로 즐기는 새로운 미식 경험을 할 수 있다. 네이버를 통해 사전 예약 후 방문 가능하다.

북촌 hi_haeji님의 인스타그램

식신 아영
제주를 보고 듣고 맛볼 수 있는 식당.
해녀들의 바다와 북촌리의 이야기를
프로페셔널한 설명과 함께 들을 수
있어요. 음식은 전체적으로
건강한 맛이에요.

- 위치: 제주 제주시 조천읍 북촌9길 31
- 영업시간: 목-일요일 10:00-19:00
  (B.T 12:30-13:30/15:30-16:30)
  매주 월,화,수요일 휴무
- 가격: 런치 69,000원/ 디너 89,000원

91

바다의 맛을 물씬 느낄 수 있는,
제주시 '일통이반'

gz_muk님의 인스타그램

제주도 1호 해남이 바다에서 직접 잡아 올린 제주 해산물을 맛
볼 수 있는 '일통이반'. 자연산 꽃멍게, 호랑소라, 홍해삼 등 다른
곳에서는 쉽게 접하기 힘든 해산물이 다양하게 준비되어 있다.

접시 가득 싱싱한 주황빛 비주얼을 뽐내는 '성게알'이 대표 메뉴다. 숟가락 위로 톳, 다시마 등의 해초와 성게알을 1:1 비율로 얹은 뒤 참기름, 와사비를 올려 먹으면 입안 가득 바다의 맛이 펼쳐진다. 성인 두 명이 먹어도 든든할 만큼 푸짐한 양을 자랑하는 '왕보말죽'도 별미다. 보말을 내장까지 넣고 끓여 고소한 향과 함께 부드럽게 넘어가는 식감이 매력적이다. 김에 보말죽과 성게알을 올려 먹으면 혀를 진득하게 감싸는 녹진함을 경험할 수 있다.

c.c_narakkyu님의 인스타그램

c.c_narakkyu님의 인스타그램

식신 누나심쿵햇

일식집 가서 우니 들어간 음식을 시키면 항상 조금밖에 맛볼 수 없어서 아쉬웠는데 일통이반을 다녀온 후로는 그런 아쉬움이 싹 사라졌습니다! 성게알을 좋아하는데 정말 원없이 먹었어요~! 성게알을 여러 밑반찬, 보말죽, 김 등등 다양하게 조합해 먹는 재미가 쏠쏠했습니다~! 다음에 올 때도 지인들 모두 데려가려구요!!

- 위치: 제주 제주시 중앙로2길 25
- 영업시간: 매일 12:00-24:00
  매주 화요일 휴무
- 가격: 성게알 35,000원
  모듬해산물 50,000원
  문어숙회 25,000원

92

직접 잡은 해산물을 판매하는 전복요리 전문점,
중문 '중문해녀의집'

vivienne_ark님의 인스타그램

제주바다를 유랑하는 해녀들이 직접 잡은 해산물과 해물죽을
맛볼 수 있는 곳. 이러한 해녀 운영 식당은 제주에서도 심심치 않
게 찾아볼 수 있는데, 그중에서도 중문에 위치한 '중문해녀의집'

은 깔끔한 공간에서 전복, 소라, 해삼, 문어 등 갓 잡은 싱싱한 해산물과 전복죽, 오분작죽, 조개죽을 판매한다. 모든 메뉴는 저렴한 가격의 정찰제로 판매하고 있어 믿고 먹을 수 있는 것이 장점. 매장을 나서면 눈 앞에 펼쳐지는 중문색달해수욕장의 풍광이 추억에 운치를 더한다.

vivienne_ark님의 인스타그램

식신 454910

역시 전복죽 클라스가 다르네요. 진짜 푸짐하니 양 많아요!!! 이제 다른데서 전복죽은 못먹을듯 합니다. 정말 고소함.

- 위치: 제주 서귀포시 중문관광로 194
- 영업시간: 매일 12:00-17:00
- 가격: 전복죽 10,000원
  소라 10,000원
  멍게 10,000원

93

옥돔지리와 자리물회가 유명한 곳,
표선 '표선어촌식당'

tj_gamsung_home님의 인스타그램

자연산 옥돔으로 만드는 '옥돔지리'와 '자리물회'가 유명한 맛

집. 이곳의 옥돔지리는 통통한 옥돔 베이스로 뽑아낸 보약같은

뽀얀 육수에 채썬 무를 산더미처럼 넣어 끓여 시원한 국물맛이

압권인 요리다. 그야말로 내공이 느껴지는 맛. 이런 요리는 제주
에서도 접하기 어려운 음식이라 제주 현지인들도 즐겨찾는다고.
매콤새콤달콤한 물회 또한 시원한 맛이 좋은데, 자리물회가 가장
유명하며 쥐치, 소라, 활한치, 잡어 등 다양한 종류가 있다. 계절
별 수급상황에 따라 변동이 있을 수 있다.

tj_gamsung_home님의 인스타그램

식신 52666

물회가 유명하다고해서 가
본집!! 소라물회 시켜서 먹었
는데, 다른 횟집들가면 물회에
서 달달하니 조미료맛이 나는
경우가 있는데, 이 집은 바다
맛이 입안에서 맴돌면서 너무
맛있게 먹었네요^^

- 위치: 제주 서귀포시 표선면 민속해안로 578-7
- 영업시간: 매일 09:00-20:40
            (B.T 16:00-17:00)
- 가격: 한치물회 13,000원
        갈치구이 30,000원
        옥돔구이 30,000원

94

부드럽고 고소한 전복죽이 유명한 맛집,
성산 '소라네집'

scarlett_piona님의 인스타그램

신선한 해산물 요리를 가성비 좋게 즐길 수 있는 곳으로 현지인

이 추천하는 맛집이다. 작은 규모의 가게지만 알찬 구성과 맛으

로 인기 있으며 해산물은 가게를 운영하고 있는 해녀가 직접 잡

아울린 것으로 한눈에 보기에도 신선하고 실한 해산물의 퀄리티가 먹는 내내 만족감을 선사한다. 수수하고 푸근한 분위기가 운치를 더하는 곳으로 해안 도로에 인접해 뷰 또한 환상적이다. 제주에서만 맛볼 수 있는 진한 맛의 보말죽, 전복죽은 숙취에도 그만이니 전날 과음했다면 꼭 방문해 보자. 각각의 양이 많지 않은 편이니 다양하게 시켜서 넉넉하게 펼쳐놓고 즐기기를 추천한다.

식신컨텐츠팀

scarlett_piona님의 인스타그램

식신 534089

성산 소라네집 문어전복라면 맛집 성산 온평리 해안도로에 해녀가 3대째 운영하고 있는 해녀의 집이다. 예전에는 직접 잡은 전복과 각종 해산물을 팔았지만 요즘은 전복은 잡기도 어렵고 가격도 많이 올라 양식만 판다. 대신 돌멍게와 문어 해삼은 아직도 다른데서는 맛볼 수 없는 싱싱한 자연산 해산물이다. 다른 곳에서는 맛볼 수 없는 돌멍게와 문어숙회 맛이 일품이다. 해삼 소라 전복 등도 맛있다. 특히 문어전복라면이 아주 맛있고 전복죽은 오랫동안 사랑받는 이집 대표 음식이다.

● 위치: 제주 서귀포시 성산읍
　　　　환해장성로 631
● 영업시간: 매일 08:00-19:00
● 가격: 특전복죽 15,000원
　　　　해산물모듬 대(大) 50,000원
　　　　문어가통째로 40,000-50,000원

정성껏 만든
장인의 요리

13
장
—

일식

二

95

자연산 생선카츠가 유명한 곳,
애월 'TONKATSU 서황'

yustlrwoddl님의 인스타그램

먹자마자 감탄이 나오는 살살 녹는 식감의 생선가스 맛으로 유
명한 곳이다. 가격은 조금 비싼 편이지만 그에 상응하는 맛을 느
낄 수 있으며 양도 넉넉한 편이어서 배부르게 즐길 수 있다. 신선

vustlrwoddl님의 인스타그램

vustlrwoddl님의 인스타그램

한 통살 생선을 이용해 담백하고 비린내가 없다. 상큼한 야채와 고소한 소스가 어우러지는 이곳만의 특별한 메뉴인 샐러드 우동도 추천한다. 오픈전부터 대기하는 사람으로 붐비는 곳으로 재료 소진 시 발걸음을 돌려야 할 수도 있으니 일찍 방문하는 것을 추천한다. 근처에 주차장이 마련되어 있어 편하게 이용할 수 있다.

vustlrwoddl님의 인스타그램

식신 다시 태어날꺼야
소스까지 직접
다 제대로 만드는 곳.

- 위치: 제주 제주시 애월읍 장소로
  205-2 1층
- 영업시간: 매일 11:30-20:00
  (B.T 15:00-17:30)
  매주 월,화요일 휴무
- 가격: 서황카츠 12,000원
  안심카츠 14,000
  생선카츠 18,000원

253

96
수요미식회에서 극찬한 맛집,
협재 '수우동'

mukbak_365님의 인스타그램

　식당 창문 넘어 협재 바다가 한눈에 보이는 '수우동'. 대표 메
뉴는 '자작냉우동'이다. 발로 밟아 온 몸의 힘을 이용해 더 쫄깃
한 반죽을 만드는 족타 방식으로 만드는 수제 우동이기에 쫄깃한

면발을 느낄 수 있다. 맛있게 먹는 방법이 매장에 비치되어 있으니 참고하자. 바삭한 돈가스와 함께 먹는 조합을 추천한다. 현지인들 사이에서도 인기가 많아 웨이팅이 있을 수 있다. 당일 준비한 음식이 다 팔리면 영업이 끝나니 점심에 방문하는 것이 좋다.

mukbak_365님의 인스타그램

mukbak_365님의 인스타그램

- 위치: 제주 제주시 한림읍 협재1길 11
- 영업시간: 매일 10:30-17:00
  매주 화요일 휴무
  (07:00부터 예약 리스트작성
  가능)
- 가격: 자작냉우동 13,000원
  수우동 10,000원
  유부우동 11,000원

식신 토리밤토리)
친구들이랑 놀러왔는데 외국 느낌 나고 참 제주도가 조은 듯ㅋㅋㅋ 크크 특별히 대기를 감수하고 꼭 가봐야 할 만한 곳들 골라서 다녔는데 기억에 남는건 이곳이다!! 음식도 갠춘했는데 정말 눈에 담고 마음에 담고 추억으로 담고 사진으로 담아도 아쉬운 풍경이 정말 환상적.

97

인생 돈까스로 손꼽히는,
중문 '연돈'

jay_hyuck님의 인스타그램

백종원의 골목시장을 통해 유명해진 곳으로 최근 주차공간이
널찍한 곳으로 이전했다. 부드럽고 느끼하지 않은 바삭한 돈가
스가 인기 있으며 가성비도 좋고 양도 푸짐하다. 일부 메뉴는 한

정수량으로 운영되니 맛보고 싶다면 아침 일찍 방문하는 것이 좋다. 돈가스로 유명한 곳이지만 카레 역시 특별하니 방문하면 꼭 함께 시켜 맛보길 추천한다. 여전히 사람으로 붐벼 긴 대기시간이 필요하지만 예약을 걸어두고 다른 곳에서 대기할 수 있어 근처의 관광지를 둘러보고 올 수 있다. 오픈 전부터 대기하는 고객이 많으며 오전 10시부터 현장에서 키오스크를 통해 예약을 받는다. 현재는 온라인 예약을 받지 않는다고 하니 참고하자.

● 위치: 제주 서귀포시 일주서로 968-10
● 영업시간: 매일 12:00-20:00(키오스크 10:00 open)
● 가격: 등심까스 11,000원/
　　　　치즈까스 15,000원/
　　　　수제카레 4,000원

식신 뜀박질여사

3번의 시도 끝에 먹어본 돈가스. 꼭 먹어 보고 싶어서 새벽에 방문했는데도 이미 대기가 장난 아니더라고요! 가장 유명한 치즈 돈가스로 먹었는데 치즈가 진짜 장난 아니에요. 돈가스 자체도 두툼하고 맛있고 긴 기다림이 아깝지 않은 맛이었어요!

98

정성껏 굽는 일본식 꼬치구이 전문점.
중문 '야키토리 타키비'

식신 엠에스합정님의 리뷰

닭꼬치요리가 맛있는 캐주얼 야키토리 오마카세 전문점이다.
감성적이고 편안한 분위기로 시끄럽지 않아 대화하기에 좋은 곳
이다. 일본 정통 비장탄 숯불꼬치구이를 오마카세로 즐길 수 있

고 매일 신선한 닭을 직접 발골해 준비하기 때문에 재료의 퀄리티가 남다르다. 겉바속촉의 진수를 보여주는 꼬치와 함께 하이볼 한 잔을 곁들이며 여유로운 저녁시간을 즐길 수 있다. 음식이 모두 깔끔하고 응대도 친절해 기분 좋은 술자리를 만들 수 있는 곳으로 가게가 아늑해서 데이트나 혼술 하기 적당한 분위기다. 가까운 제주에서 제대로 된 일본풍을 즐길 수 있다.

식신 엠에스합정

제주스러운 음식에 지쳤을 때 찾으면 딱 좋은 곳 연남동의 핫플보다 훨씬 맛난데 가격은 착하다 닭도 직접 발골해서 엄청 신선하고 늦게가면 재료 금방 소진됨.

- 위치: 제주 서귀포시 중문로 8 1층 101호
- 영업시간: 매일 18:00-25:00
- 가격: 7쿠시 오마카세 21,000원/ 5쿠시 오마카세 16,500원/ 스지오뎅나베 19,000원

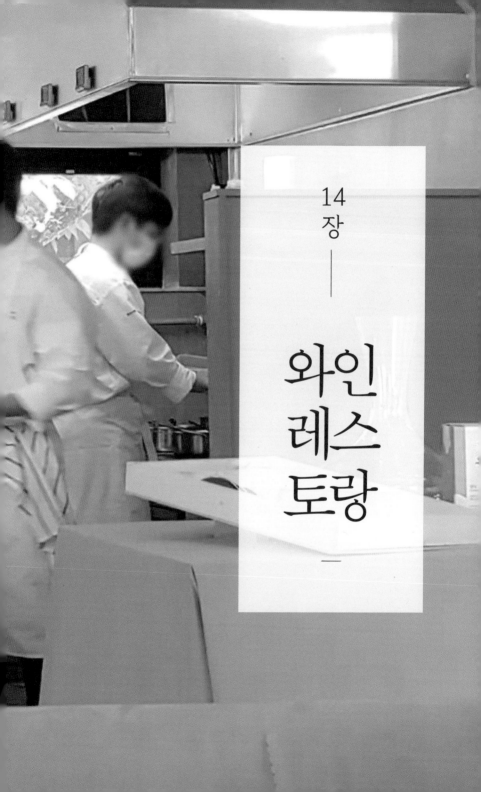

14장
—

와인
레스
토랑

_

99

특별하게 즐길 수 있는 제주 프렌치,
제주 '뤼미에흐'

ikkoi님의 인스타그램

제주 삼도2동에 자리한 캐주얼 프렌치 레스토랑으로 광주의 '
레스토랑 알랭'에서 오래 근무한 조경재 셰프가 그의 동생과 함
께 새롭게 개업한 곳이다. 콘크리트 벽에 심플한 샹들리에가 걸려

ikkoi님의 인스타그램

ikkoi님의 인스타그램

있는 모던한 분위기의 인테리어로 깔끔한 인상을 준다. 코스요리 단일 메뉴로 운영되고 있으며 비치된 메뉴판 없이 테이블 위 QR코드를 스캔하면 그날의 메뉴를 볼 수 있다. 제주의 신선한 재료를 활용한 프렌치 요리의 특별함을 맛볼 수 있는 곳으로 기념일이나 상견례 등 중요한 자리에 식사하기에 알맞은 분위기의 레스토랑이다. 캐치테이블과 네이버 등을 통해 사전 예약 후 방문해야 하며, 6인 이상 방문 시 전체 대관이 가능하다. 파인 다이닝 마니아라면 반드시 방문해 봐야 할 곳.

ikkoi님의 인스타그램

식신 421070

기념일에 방문하면 좋은 곳.
직원분들도 너무 친절하고 프라이빗한
느낌이라 행복하게 식사했어요.
코스는 몇개월마다 바뀐다고 하니
시즌마다 들러보시기를
추천드릴게요.

- 위치: 제주 제주시 무근성길 38 1층
- 영업시간: 매일 12:00-21:00 (B.T 14:00-19:00)
  매주 수요일 휴무
- 가격: FrèresLumière course(펠뤼미에흐코스) 88,000원

100

제주 속 작은 프랑스,
서귀포시 '에르미타주'

vivian_lee_11.09님의 인스타그램

'에르미타주'는 제주산 제철 식재료로 만든 프렌치 코스 요리를 맛볼 수 있는 레스토랑이다. 주택가 사이에 위치한 아담한 곳으로 하루 3 테이블만 예약을 받는다. 여름 시즌에는 로제 스파

클링 와인을 포함하여 스크램블 에그 & 제주니모메 크림, 한 입쌈, 제주 하귤 해산물 세비체, 차가운 감자 수프, 제주 생선 & 카포나타, 민트 빙수, 제주 마 & 이스라엘 쿠스쿠스, 파블로바, 커피 또는 차의 9코스를 즐길 수 있는 '계절 코스'를 맛볼 수 있다. 작품 같은 비주얼을 자랑하는 플레이팅 덕에 눈이 즐거워진다. 메인 요리 '제주 마 & 이스라엘 쿠스쿠스'는 부드러운 육질의 제주산 말고기 스테이크에 치즈를 첨가한 쿠스쿠스가 곁들여 나온다. 말 뒷다리 부위를 질기지 않게 구운 말고기 스테이크는 풍부한 육즙과 연한 육질이 일품이다.

vivian_lee_11.09님의 인스타그램

vivian_lee_11.09님의 인스타그램

식신 BY.레몬에이드

제주도에서 프렌치 요리를 제대로 하는 집이에요. 필수로 예약하고 와야 하는 곳입니다. 제철 식재료로 만들어서 그런지 계절별로 코스가 다르다는 점도 좋았네요. 요리 하나하나 정성이 들어 있는 듯해요. 말고기는 처음이라 걱정하고 먹어 봤는데 잡내 없이 입에서 사르르 녹더라고요! 기념일이라고 말하면 디저트 레터링 서비스도 받을 수 있으니 기념일에 가는 것도 좋을 것 같아요.

- 위치: 제주 서귀포시 신서로52번길 3-8 1층
- 영업시간: 매일 17:00-21:30 휴무일은 유동적 (인스타그램 참고추천)
- 가격: 계절코스 100,000원

101

아시아 퓨전 와인바,
제주시 '옐로우돕'

p_seventy1님의 인스타그램

아담한 규모의 무국적 와인바. 똠얌, 마라, 커리, 코코넛 등 다양
한 향신료를 대범하게 사용한 요리 스타일로 주목받고 있다. 계란
에 얇은 튀김옷을 입혀 반숙으로 튀겨낸 뒤 타마린드 소스, 스파

이스 크럼블, 샐러리를 곁들인 '계란튀김'은 새콤달콤하고 녹진한 맛을 낸다. 돼지족발 살을 발라 필리핀식 아도보 소스에 졸여 낸 후 안남미로 만든 리조또와 곁들이는 '돼지족발 리조', 갈치속젓을 넣어 중식면에 비벼 먹는 '생선누들'도 인기다.

p_seventy1님의 인스타그램

~~~~~~~~~~
- 위치: 제주 제주시 고마로16길 9 1층
- 영업시간: 매일 12:00-23:00
  (B.T 14:30-18:00)
  매주 목요일 휴무
- 가격: 점심 쉐어코스(1인) 35,000원
  생선누들 27,000원
  돼지족발 리조 21,000원
  계란튀김 8,000원

식신 딸기맘마

계란튀김은 꼭 시키세요. 맛도 엄청난데 가격도 6천 원 대혜자 메뉴. 와인 리스트도 많고 추천해 주실 때도 엄청 친절하세요!! 또 가고 싶은 곳.

102

스페인의 맛을 담아낸,
중문 'Revolver'

katie_life_stories님의 인스타그램

푸릇푸릇한 감성이 가득한 잔디 위 블랙 포인트 인테리어로 시
크한 분위기를 주는 'Revolver'. 레드, 오렌지, 내추럴, 오가닉 등
약 60가지의 화려한 와인 리스트와 스페인 요리를 함께 만나볼 수

있다. 어린 양의 최고 부위 프렌치 랙을 자연 재료로 마리네이드하여 잡내 없이 양 갈비를 즐길 수 있는 'Lamb Chops w Mashed Potato'가 대표 메뉴다. 참숯으로 구워 은근한 불 향이 스며든 양 갈비에 매시 포테이토가 부드러운 감칠맛을 더한다. 양고기 육즙으로 만든 그레이비 소스와 양젖으로 만든 페타 치즈는 양 갈비의 풍미를 한층 풍성하게 살려준다. 고수를 올려 마무리하니 고수를 선호하지 않는다면 주문 시 미리 말하자.

katie_life_stories님의 인스타그램

식신 달달한티라미슈

오픈한지 얼마 안 된 신상 맛집이에요. 간단하게 와인과 안주를, 든든하게 식사 메뉴를 즐길 수도 있어요. 하몽도 매장에서 직접 만들고 있더라구요. 프렌치 랙 양 갈비는 꼭 드셔보세요. 밑에 깔린 그레이비 소스 덕분에 맛이 풍부해진 느낌!! 양 갈비 먹고 자꾸 생각나서 다음날 또 들렸네요~

- 위치: 제주 서귀포시 예래로 31
- 영업시간: 매일 15:30-24:30
- 가격: 토스카나식 라구소스 라자냐17,000원
  제주한우까르파치오 15,000원(네이버 대표메뉴)
  지중해식 숯불 문어스테이크 19,000원(네이버 대표 메뉴)

풍성한 제주를
느끼는 특별함

15
장
—

중식

二

103

한중부부의 소박한 중국 가정식,
성산 '로이앤메이'

mat_dongsan_님의 인스타그램

요리에 관심이 많은 한중부부가 차린 작고 소박한 중국 가정식

식당. 한 달 전에는 예약을 해야 할 정도로 인기가 많다. 중국 가

정식 한상 차림 메뉴를 주문하면 후식을 포함한 6~9개의 다양한

메뉴가 준비된다. 건두부 볶음을 곁들인 냉채, 마늘 새우찜요리, 마파두부, 어향가지, 그날의 채소, 국물 요리 등 많은 고객들의 피드백을 받으며 발전한 요리들은 거를 타선이 없다. 제주 여행을 계획했다면 먼저 이 곳부터 예약하는 것을 추천한다.

식신 누가 내닉 네임 쓰니
예약이 너무 치열 .. ㅠㅠ 최소 두달 전에는 예약해야 해요. 주말은 안하고 평일만 운영합니다. 근데 너무 맛있어요. 일단 사장님이 향신료를 잘 씀.

• 위치: 제주 서귀포시 성산읍
　　　온평상하로15번길 12-7
• 영업시간: 매일 11:30-16:00
　　　　　　매주 토.일요일 휴무 (예약 필수)
• 가격: 중국 가정식 한상 차림 35,000원
　　　　(1인당/2인부터 주문가능)

104

전통 방식으로 짙은 풍미를 살린,
제주 '제주 드림타워 차이나 하우스'

traveler_siri님의 인스타그램

상해부터 사천, 광동, 북경까지 중국 4대 진미로 불리는 지역의
음식을 모두 맛볼 수 있는 '그랜드 하얏트 제주 차이나 하우스'.
오픈 주방으로 되어 있는 주방은 음식을 만드는 과정을 지켜볼

traveler_siri님의 인스타그램

traveler_siri님의 인스타그램

수 있어 식사 전 기대감을 끌어 올려준다. 대표 메뉴 '북경 오리'는 오븐에 오리와 대추나무를 넣고 약 1시간가량 전통 로스팅 방식으로 조리한다. 일정한 온도를 유지한 오븐 안에서 오리 고기 속으로 기름과 장작 향이 은근하게 스며들어 짙은 풍미를 완성한다. 셰프가 직접 손질해주는 북경 오리는 껍질, 가슴살, 다리 살 등 부위마다 다른 식감과 맛을 경험할 수 있다. 북경 오리와 오리 뼈 곰탕, 생선찜, 돼지고기 튀김, 마라샹궈, 탄탄면, 디저트의 구성으로 이루어진 '북경 오리 세트'도 즐겨 찾는다.

traveler_siri님의 인스타그램

식신 슬로다운

음식이 기본적으로 맛있었지만, 서비스가 너무 훌륭해서 음식이 더 맛있게 느껴지는 곳이었어요. 가족 여행 가서 북경 오리 세트를 먹었는데 맛과 양 모두 흡족했어요. 북경 오리만 먹으면 살짝 아쉬울 수 있었는데 세트에 다른 음식이 이것저것 나와 푸짐하고 좋았습니다. ^^

- 위치: 제주 제주시 노연로 12 제주 드림타워 3층
- 영업시간: 월,화요일 17:00-22:00
  수목,금,토,일요일 11:30-22:00 (B.T 15:00-17:00)
- 가격: 북경오리(한마리/Whole) 138,000원/ 전통 베이징덕 set메뉴4인 428,000원

105

좋은 재료가 들어간 맛있는 짬뽕,
서귀포 '덕성원'

minjeong.lee_님의 인스타그램

1945년에 개업하여 업력이 80년에 가까운 노포 중의 노포. 큼지
막한 꽃게를 넣은 꽃게짬뽕이 대표메뉴인데 재료를 아낌없이 넣
어 꽃게탕에 가까울 정도로 국물맛이 진하다. 겨울철에만 판매하

는 꿩으로 만든 깐풍기 또한 인기있는 메뉴이니 꼭 먹어보자. 그
외에도 다양한 메뉴를 취급하는데 모두 평균이상의 맛이라는 호
평이 자자하다. 룸도 마련되어 있어 단체모임 장소로도 좋은 곳.

식신 463987
게짬뽕 정말 맛있어요. 게살도
실하고~ 새우볶음밥이랑 같이
먹었는데 마지막 국물까지
남김없이 흡입!!

● 위치: 제주 서귀포시 태평로401번길 4
● 영업시간: 매일 11:00-21:00
　　　　　　(평일 B.T 15:00-17:00
　　　　　　주말 B.T없음)
● 가격: 짜장면 8,000원
　　　　(꽃)게짬뽕 12,000원
　　　　탕수육 소(小) 18,000원

106

얼큰한 짬뽕과 바삭한 탕수육 맛집,
서귀포 '아서원'

baekmh0님의 인스타그램

백종원의 삼대천왕, 수요미식회 등을 통해 유명해진 곳이다. 큼직한 스테인리스 그릇에 푸짐하게 담겨 나오는 짬뽕이 인기인 곳으로 돼지고기, 오징어, 숙주나물, 새우 등이 가득 들어가 있다. 특

ji_hye.travel님의 인스타그램

식신컨텐츠팀

히 아삭한 식감의 숙주가 쫄깃한 면발과 잘 어우러진다. 식사시간대에는 빨리 가지 않으면 대기해야 하니 서두를 것을 추천한다. 혼자 방문하는 고객을 위한 창가 쪽 좌석부터 소규모 모임을 할 수 있는 좌석까지 다양하게 구비되어 있다. 최근 넓은 주차장이 갖춰진 곳으로 이전해서 한층 편리해졌다. 휴무가 비정기 적이니 미리 연락해 보고 방문할 것.

ji_hye.travel님의 인스타그램

ji_hye.travel님의 인스타그램

식신 454824
오래된 중국집이면서도 내부가 깔끔하네요. 탕수육도 바삭하니 맛있었어요.

- 위치: 제주 서귀포시 칠십리로 699
- 영업시간: 매일 10:00-18:30
- 가격: 짜장면(곱빼기) 6,500원
  짬뽕 9,000원
  탕수육 17,000 - 22,000원

107

제주 여행 필수 코스로 소문난,
제주 '임성반점'

barom0426님의 인스타그램

'임성반점'은 제주 공항 인근에서 정통 중화요리의 맥을 이어오고 있는 곳이다. 기존에는 현지인들 사이에서 숨은 맛집으로 입소문 났지만 몇 년 전부터 관광객들의 발걸음도 꾸준하게 이어지고 있다. 대표 메뉴는 농후한 주황빛을 띠는 국물 위로 새우, 청경채, 배추, 오징어, 굴, 버섯 등의 재료가 소복하게 올려 나오는 '고추 짬뽕'. 해산물에서 우러나온 바다의 맛과 채소 본연의 은은한 단맛이 훌륭한 균형을 이룬다. 큼직한 크기로 썰어 넣은 해산물과 채소는 면발과 함께 씹었을 때 입안 가득 풍성하게 들이차는 식감을 안겨준다. 매장 바로 옆에 사장님 자제분이 운영하는 중국식 만둣가게에서 만두를 구매하여 식사에 곁들여도 좋다.

식신컨텐츠팀

barom0426님의 인스타그램

식신 Melon4342

제주도에서 무슨 중국 요리냐 하겠지만 한 번쯤 가보길 꼭 추천하는 곳! 다른 요리도 맛있지만 여기는 꼭 고추짬뽕을 먹어야 합니다. 굴, 오징어, 새우 등 해산물이 많이 들어있는데 탱탱한 식감이 그대로 살아있어요. 탕수육 하나 같이 시켜서 매운 짬뽕 먹다가 달달한 탕수육 번갈아 먹다 보면 어렵지 않게 다 먹을 수 있어요! 원래 국물을 다 먹는 편이 아닌데 여긴 국물이 너무 맛있어서 완짬했습니다~~

● 위치: 제주 제주시 용화로 57-1
● 영업시간: 매일 11:00-20:40
  (B.T 16:00-17:00)
  매주 일요일 휴무
● 가격: 고추짬뽕 9,500원
  간짜장 7,500원
  탕수육 소(小) 18,000원

350만 사용자가 만드는

진짜 맛집
식신

4.0 실명
새벽집 청담동점
청담동 · 34km
꽃등심(150g), 양념갈비(260g),
생고기(150g), 불고기(200g),
👁 117,226 ☆ 243 ✂ 171

4.0 주석
진주집
여의도 · 23km
냉콩국수, 비빔국수, 닭칼국수,
육개장칼국수, 접시만두
👁 59,212 ☆ 220 ✂ 141

**100년 역사가 담긴, 중식
당 맛집 5**
특별한 날 젊은이로, 일상 속에서 가볍게 식
사로도 즐길 수 있는 곳, 현지는 언가 누
구인지까지 떠라서 맛이 결정되는 만큼, 우
👁 63

**수십억의 연매출 기록, 매
출 대장 맛집 5**
연 매출의 수십억에 달하는 식당이 있다?
맛있고 맛있는지 궁금해지는 방으로 사업
들이 사업과 함께 매출맥지 수십억이 역…
👁 46

4.0
원조호수삼계탕
영등포/신도림/신길 · 21km

**고물가 이겨내는, 가성비
정육식당 5**
학식 물가가 급등하여 고기집 한 번 방문하
는 결정도 어이 이제 신중히 고민해야 하겠
👁 44

**빵의 도시, 대전 현지인 추
천 빵집 5**
현지술직 자연 생겨나는 도시 대전, 대전 빵
집이라면 역시 성심당이지만 사실 그 뒤에도

내 주변 맛집 📍

내가 원하는 맛집 정보를 한 눈에!

내 주변 인기 맛집부터, 따끈한 신상맛집과 방송에 나온 곳까지~
다양한 맛집 정보를 볼 수 있어요

숨겨진 맛집도 식신에서 알려줄게요

전국 75만개 맛집 중 1%의 보석 '스타 레스토랑'으로
지역별 진짜 유명한 맛집만 모아 보아요

소중한 맛집 정보, 나만의 리스트 만들기

가고 싶은 곳만 모아 모아~
나만의 맛집리스트를 만들어보세요

맛잘알 필수앱은 역시 '식신'

앱스토어 및 포털사이트에 '식신'을 검색하세요.
실시간으로 업데이트되는 전국 핫플레이스 별 추천맛집을
누구나 무료로 이용할 수 있습니다

| 식신 | 🔍 |